Informative Texte im Deutschunterricht

Übungen zum informierenden Schreiben für Klassenarbeiten und Abschlussprüfungen

Verlag an der Ruhr

Impressum

Titel
Informative Texte im Deutschunterricht
Übungen zum informierenden Schreiben
für Klassenarbeiten und Abschlussprüfungen

Autorin
Karla Seedorf

Illustrationen
siehe Bildnachweis S. 86

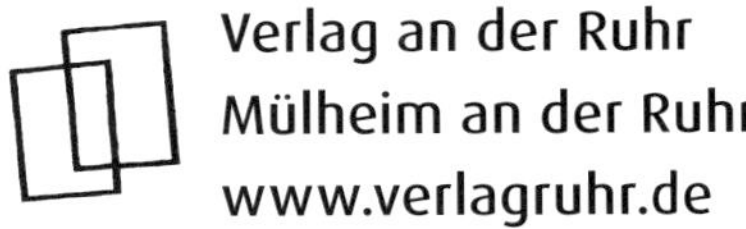

Verlag an der Ruhr
Mülheim an der Ruhr
www.verlagruhr.de

Geeignet für die Klassen 8–10

Unser Beitrag zum Umweltschutz:
Wir sind seit 2008 ein ÖKOPROFIT®-Betrieb und setzen uns damit aktiv für den Umweltschutz ein. Das ÖKOPROFIT®-Projekt unterstützt Betriebe dabei, die Umwelt durch nachhaltiges Wirtschaften zu entlasten. Unsere Produkte sind grundsätzlich auf chlorfrei gebleichtes und nach Umweltschutzstandards zertifiziertes Papier gedruckt.

ISBN 978-3-8346-3060-5

Printed in Germany

Inhaltsverzeichnis

Vorwort

Liebe Lehrkräfte,

viele Schüler* tun sich schwer, gute informative Texte zu schreiben. Quellen sichten und Informationen selektieren, sachlich schreiben und Formalia von Textsorten beachten – das alles will geübt sein! In diesem Arbeitsbuch finden Sie vielfältige Trainingsmaterialien rund um das Verfassen von informativen Texten.
Die 14 fertigen Übungen beinhalten jeweils Aufgabenstellungen und Materialsammlungen im Stil der zentralen Prüfungen am Ende der 10. Klasse. Sie eignen sich somit ideal zur Vorbereitung auf Klassenarbeiten oder Abschlussprüfungen:

- ✓ Die Kopiervorlagen liefern kontinuierliche und diskontinuierliche Texte mit Bildern und Grafiken zur Informationsgewinnung.
- ✓ Thematisch werden die Bereiche Mensch und Natur, Recht und Gerechtigkeit sowie Stereotype und Vorurteile abgedeckt.
- ✓ Vielfältige Schreibanlässe werden angeboten: Die Schüler verfassen Geschäftsbriefe und Blogeinträge, erstellen Wandzeitungen und Unfallberichte oder schreiben Schülerzeitungsartikel und Leserbriefe.
- ✓ Durch die Aufgabenstellungen werden Materialsichtung, Vorarbeiten und Textaufbau unterschiedlich stark vorstrukturiert. So können Sie Ihren Schülern je nach Leistungsniveau und Vorkenntnissen unterschiedliche Materialien zur Verfügung stellen.
- ✓ Zu allen in diesem Band enthaltenen Übungsaufgaben gibt es ausführliche Lösungshinweise am Ende des Buches.

Ergänzend zu diesem Arbeitsbuch bieten sich Übungen zum Sachtextverständnis an (Absichten des Verfassers erkennen, Textsorten unterscheiden, Übungen zur Interpretation von Diagrammen und Tabellen). Vertiefend können Sie im Unterricht Schreibaufgaben (offene Fragen zum Text in eigenen Worten beantworten, Textinhalte zusammenfassen) und Übungen zur überzeugenden Argumentation (geschickt formulieren und argumentieren, sich auf Textstellen beziehen) anbieten.

Ich wünsche Ihnen viel Freude beim Unterrichten und Ihren Schülern viel Spaß beim Üben sowie eine erfolgreiche Prüfung!

Karla Seedorf

---

* Aus Gründen der besseren Lesbarkeit haben wir in diesem Buch durchgehend die männliche Form verwendet. Natürlich sind damit auch immer Frauen und Mädchen gemeint, also Lehrerinnen, Schülerinnen etc.

UNFALLBERICHT:

Ein Unfall mit Sachschaden

Du machst ein Praktikum bei der städtischen Lokalzeitung. Für die nächste Ausgabe sollst du über einen Autounfall berichten. Dafür steht dir die Materialsammlung (M1–M4) zur Verfügung. Lies dir zunächst die Aufgabenstellung und dann die Materialien aufmerksam durch, bevor du mit dem Schreiben beginnst.

Aufgaben:

1. a) Schreibe alle W-Fragen auf, die du in einem Zeitungsbericht beantworten musst.

   b) Markiere in den Materialien die Informationen, die du zum Beantworten der W-Fragen benötigst.

   c) Beantworte die W-Fragen in Stichworten.

2. Schreibe dir einen „Spickzettel", auf dem du kurz notierst, was du beim Schreiben eines Zeitungsberichts beachten musst.

3. Übertrage folgende Tabelle in dein Heft:

Einleitung	Hauptteil	Schluss

   Trage ein, welche Informationen du in welchem Teil verwenden willst. Notiere dir in Klammern jeweils die genutzten Materialien.

4. Schreibe mithilfe deiner Notizen aus den Aufgaben 1–3 den kompletten Zeitungsbericht.

Ein Unfall mit Sachschaden

M1: Polizeibericht: Aussage von Frau Köck

Gestern bin ich in Frankfurt die Mülhauser Straße entlanggefahren. Ich war etwas in Eile, weil ich meinen Sohn vom Bahnhof abholen wollte – der kam nämlich gerade von seiner Abschlussfahrt zurück. Aber an die Geschwindigkeitsbegrenzung hab ich mich auf jeden Fall gehalten. Ich bin eine sehr vorsichtige Fahrerin. Bei der Kreuzung bog ich rechts in die Straßburger Straße ab. Plötzlich schoss ein schwarzer Renault Megane auf mich zu. Die Fahrerin hat überhaupt nicht registriert, dass ich ja Vorfahrt hatte, weil ich von rechts kam. Ich bremste natürlich sofort. Aber das Auto knallte trotzdem voll in meine Breitseite. Gott sei Dank wurde niemand verletzt. Aber an meinem Auto müssen Kotflügel, der linke Scheinwerfer und die Stoßstange repariert werden. Ich war gleich damit in der Werkstatt, die meinten, die Reparatur käme etwa auf 1000 Euro.

M2: Gespräch des Reporters mit der Unfallzeugin Andrea Huber

Reporter: Frau Huber, Sie haben den Unfall beobachtet. Was ist denn da genau passiert?

Frau Huber: Ja, das war am 16.02.2016, so gegen 11:00 Uhr. Ich war gerade auf dem Weg zum Supermarkt. Und als ich gerade in die Mülhauser Straße abbiegen wollte, seh ich, wie das gelbe Auto nach rechts in die Straßburger Straße abbiegen will. War schon recht zügig unterwegs, aber schneller als die Höchstgeschwindigkeit ist die sicher nicht gefahren. Ja, und dann hat's auch schon gekracht. Von vorne kam nämlich so'n schwarzer Renault rangerauscht. Der hat die Vorfahrt nicht beachtet – hat das abbiegende Auto wahrscheinlich zu spät gesehen und ist dem voll in die Seite gekracht.

Reporter: Wurde jemand verletzt?

Frau Huber: Die zwei Frauen sind dann ausgestiegen. Die junge war ein wenig zittrig auf den Beinen, aber verletzt war niemand, soweit ich sehen konnte. Ich wollte einen Krankenwagen rufen, aber die beiden meinten, das wäre nicht nötig. Frau Berg und Frau Köck haben dann ihre Daten ausgetauscht für die Versicherung und ich hab mich auf Bitte von Frau Köck als Zeugin zur Verfügung gestellt.

Ein Unfall mit Sachschaden

M3: Skizze des Unfallhergangs

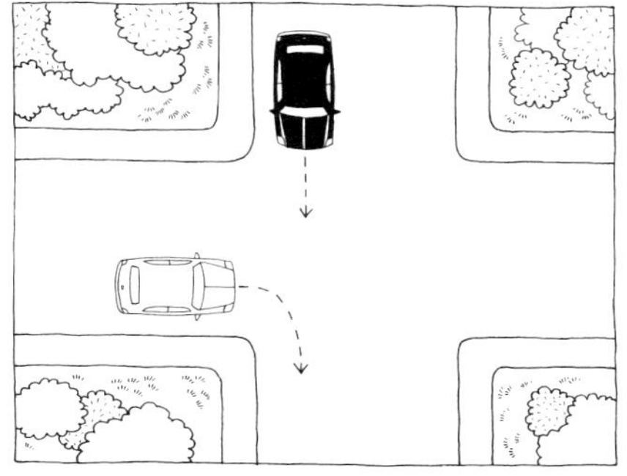

M4: Datenaustausch für die Versicherungsgesellschaft

Nachdem die am Unfall beteiligten Fahrerinnen den Schaden besichtigt haben, fahren die beiden in eine Seitengasse und tauschen folgende Daten aus, die sie für die Meldung an die jeweilige Versicherungsgesellschaft benötigen:

PKW: Renault Megane (FR-DS-564)
haftpflichtversichert bei AllSave

Versicherungsnr.: 56475

Versicherungsnehmer: Luise Berg,
Dreizehnlindenstr. 14, 79110 Freiburg i. Br.

Lenker: Nadine Berg, geb. am 15.06.1997,
Dreizehnlindenstr. 14, 79110 Freiburg i. Br.
Mobil: 0146 58794

Führerschein: Nr. 25475, Kl. B, ausgestellt durch die Führerscheinstelle Freiburg, gültig ab 6. September 2014

Sichtbare Schäden: rechter vorderer Kotflügel, linker Scheinwerfer, Stoßstange

PKW: Mazda (F-I-879),
haftpflichtversichert bei AJGV

Versicherungsnr.: 37698

Versicherungsnehmer: Linda Köck,
Subbelratherstr. 6, 60311 Frankfurt a. M.

Lenker: Linda Köck, geb. am 03.11.1972,
Subberatherstr. 6, 60311 Frankfurt a. M.
Mobil: 0136 769854

Führerschein: Nr. 53433, Kl. B, ausgestellt durch die Führerscheinstelle Frankfurt, gültig ab 13. Mai 1988

Sichtbare Schäden: linker vorderer Kotflügel, rechter Scheinwerfer, Stoßstange

SCHÜLERZEITUNGSARTIKEL:

Reportage über Zivilcourage

Du bist Reporter bei der Schülerzeitung. Für die nächste Ausgabe bereitest du eine Reportage zum Thema Zivilcourage vor. Dafür steht dir die Materialsammlung (M1–M4) zur Verfügung. Lies dir zunächst die Aufgabenstellung und dann die Materialien aufmerksam durch, bevor du mit dem Schreiben beginnst.

Aufgaben:

1. a) Schreibe alle W-Fragen auf, die du in deiner Reportage beantworten musst.

   b) Markiere in den Materialien die Informationen, die du zum Beantworten der W-Fragen benötigst.

   c) Beantworte deine W-Fragen in Stichworten. Notiere dir in Klammern jeweils die genutzten Materialien.

2. Schreibe dir einen „Spickzettel", auf dem du kurz notierst, was du beim Schreiben einer Reportage beachten musst.

3. Schreibe die Reportage mithilfe deiner Notizen aus den Aufgaben 1 und 2. Gehe dabei so vor:

   a) Gib deiner Reportage eine passende Überschrift und gliedere sie während des Schreibens durch Absätze und Zwischenüberschriften.

   b) Formuliere eine Einleitung, in der du die Leser auf das Thema neugierig machst.

   c) Erkläre in eigenen Worten, woher der Begriff Zivilcourage kommt und was er bedeutet.

   d) Beschreibe Zivilcourage anhand des konkreten Fallbeispiels, das dir dein Freund Johnny (M1) neulich erzählt hat.

   e) Gib deinen Lesern am Schluss deiner Reportage Tipps, wie sie in brenzligen Situationen helfen können, ohne sich selbst in Gefahr zu bringen.

SCHÜLERZEITUNGSARTIKEL:

Reportage über Zivilcourage

M1: Was mein Freund Johnny mir neulich erzählt hat

Mensch, du glaubst nicht, was mir gestern passiert ist! Ich kam mit Nadine aus dem Kino, aus der Nachmittagsvorstellung, es war so gegen sechs Uhr abends. Da hörten wir diese Schreie: „Lass mich los, lass mich los!" Eine Frauenstimme. Wir gingen ums Eck und sahen, wie in der Schusterstraße ein Mann eine Frau attackierte. Ich schrie sofort rüber: „Hey, hören Sie auf! Lassen Sie die Frau in Ruhe!" Die Frau war mit einem Koffer unterwegs und wurde auf offener Straße heftig von dem Mann angegriffen. Er hat sie angeschrien und immer wieder geschubst, sodass sie fast auf die Straße zwischen die fahrenden Autos gefallen wäre. Angehalten hat niemand. Der Mann hat die Frau immer weiter vor sich her geschubst, hat ihr ins Gesicht geschlagen und ihr die Mütze vom Kopf geschlagen. Nadine und ich sind auf das Paar zugegangen und haben dem Mann gesagt, er soll die Frau nicht weiter belästigen. Die Frau hat sich sofort Schutz suchend hinter uns gestellt. Nun ging der Mann auf uns los und hat uns beschimpft und bedroht. Richtig handgreiflich ist er zum Glück nicht geworden. Nach ungefähr drei Minuten, in denen wir so rumgestritten haben, ist dann eine Polizeistreife gekommen. Ein Passant hatte die per Handy verständigt, so haben wir später erfahren. Die Polizisten brachten den Mann zur Vernunft und nahmen unsere Personalien auf. Den Mann nahmen die Polizisten in ihrem Wagen mit auf die Wache.

M2: **Gründe** (Gedicht von Erich Fried)

Weil das alles nicht hilft
Sie tun ja doch was sie wollen
Weil ich mir nicht nochmals
die Finger verbrennen will
Weil man nur lachen wird;
Auf dich haben sie gewartet
Und warum immer ich?
Keiner wird es mir danken
[...] Weil ich das lieber
Berufeneren überlasse
Weil man nie weiß
wie einem das schaden kann
Weil sich die Mühe nicht lohnt
weil sie alle das gar nicht wert sind [...]

(Quelle: Fried, Erich: Gründe. In: Ders.: Gedichte. Eine Auswahl aus dem Gesamtwerk. Berlin: 1989, S. 13 ff.)

M3: Einschreiten oder nicht?

[...] Zivilcourage hat einen enorm hohen Wert in der Gesellschaft. Zugleich wird deutlich: Mut bedeutet, Risiken einzugehen. Wie soll jeder Einzelne abwägen, wenn sich die Frage stellt: einschreiten oder nicht? Das Handeln ergebe sich aus einer Art Kosten-Nutzen-Analyse, erklärt die Psychologin Monika Schanderl von der Uni Regensburg, die seit Jahren zum Thema Zivilcourage forscht. Im Kopf fänden blitzschnell eine Reihe von Abwägungen statt, etwa: Habe ich Schuldgefühle, wenn ich nicht eingreife? Entscheidend aber seien vier Schritte, um aktiv zu werden.

- ✓ Zunächst müsse die Situation genau wahrgenommen werden, ohne jede Ablenkung wie Musik über Kopfhörer oder Zeitdruck.
- ✓ Dann die Frage: Ist das überhaupt eine Notsituation? Streitet sich da nicht nur ein Pärchen?
- ✓ Man muss sich selbst verantwortlich fühlen: „Je mehr Personen anwesend sind, desto eher [verflüchtigt sich] die Verantwortung“, sagt Schanderl. Sprich: Wenn niemand die Initiative ergreift, handelt keiner.
- ✓ Letztlich muss man sich fähig und kompetent fühlen, einzugreifen.

Doch wie greift man richtig ein? Es gehe nicht nur um das aktive Dazwischengehen, sagt Schanderl. Nur wer sich körperlich imstande fühlt, sollte bei Gewalttaten aktiv eingreifen. Schließlich beherrsche nicht jeder Kampfsportarten. „Wenn der Täter direkt angegangen wird, macht ihn das oft noch aggressiver“, sagt Schanderl. Wer dem Opfer helfe, überrascht stattdessen den Täter. „In der Zeit kann man mit dem Opfer fliehen.“

Auch Andreas Mayer, Geschäftsführer der polizeilichen Kriminalprävention der Länder und des Bundes, sagt, von einem aktiven Eingreifen in eine Gewaltsituation sei eher abzuraten. Die bessere Alternative: Notruf wählen, den Kontakt halten, bis die Streife vor Ort ist. Stets mit dem Fokus auf das Opfer, nicht den Täter.

Wie man in solch einer Situation [...] richtig reagiert, kann man lernen. [...] Konkrete Ansprachen sind zum Beispiel sehr wichtig: „Sie in dem roten Pullover rufen die Polizei“, ein anderer kann vielleicht weitere Hilfe holen.

Es gibt staatliche und private Programme, [...] die für das Thema sensibilisieren. Beinahe jede Stadt habe ein Zivilcourage-Programm, sagt Mayer. [...] Mayer weiß allerdings auch: „Die Wegschau-Mentalität ist immer noch weit verbreitet.“ Das liege [...] auch an der Tendenz, sich von der Gemeinschaft abzuwenden, das Umfeld kaum mehr wahrzunehmen. „Viele kennen noch nicht einmal ihre Nachbarn im Mehrfamilienhaus.“ Dabei sei es schon couragiert, Fremde im Hausflur anzusprechen, um mögliche Einbrüche zu vermeiden.

(Quelle: Alterauge, Vivian: Zivilcourage: Einschreiten – oder nicht? www.spiegel.de/panorama/gesellschaft/zivilcourage-so-sollten-sie-reagieren-das-sollten-sie-vermeiden-a-1007508.html, Artikel vom 11.12.2014. Zugriff am 05.08.2015.)

M4: Zivilcourage

Was würdet ihr tun, wenn jemand in eurer Nähe auf dem Schulweg grundlos angegriffen wird? Einige Leute machen da gar nichts, sie holen keine Hilfe oder greifen selbst auch nicht [ein]. Weil sie selbst Angst haben, gucken sie lieber weg. Es gibt aber auch Menschen, die mutig dazwischengehen oder andere bitten, dem Angegriffenen zu Hilfe zu kommen. Das sind Menschen mit Zivilcourage. „Zivil" stammt von dem lateinischen Wort „civis" ab und heißt „Bürger". „Courage" ist französisch und bedeutet „Mut" oder „Beherztheit". Es hat also auch etwas mit dem Herzen zu tun, wenn man für seine Überzeugung öffentlich eintritt. Aber Zivilcourage zeigt sich nicht erst, wenn man bei Schlägereien hilft. Das fängt schon früher an. Das kann zum Beispiel sein, wenn man für einen Außenseiter in der Klasse Partei ergreift, auch wenn man dann von den anderen ausgelacht wird. Auch wenn man deutlich seine Meinung dagegen sagt, wenn zum Beispiel miese Witze über Ausländer oder kranke Menschen erzählt werden, zeigt man Zivilcourage. Manchmal hat man Angst, ganz alleine dazustehen, wenn man einem anderen hilft. Oftmals zeigt sich aber, dass nur einer den Anfang machen muss. Ihr habt das sicher schon erlebt, dass sich dann auf einmal auch andere, die vielleicht nicht ganz so mutig sind, trauen, für die Schwächeren einzutreten. Zivilcourage heißt aber keineswegs, dass man immer selbst dazwischengehen muss, wenn es Streit gibt. Vor allem, wenn man sich selbst verletzen würde und damit keinem hilft, ist es viel vernünftiger, Hilfe zu holen oder die Polizei zu benachrichtigen.

(Quelle: Schneider/Toyka-Seid: Das junge Politik-Lexikon. http://www.bpb.de/nachschlagen/lexika/das-junge-politik-lexikon/161832/zivilcourage, Zugriff am 05.08.2015.)

REKLAMATIONSSCHREIBEN:

Beschädigte Lieferung

Im Auftrag des örtlichen Jugendvereins hast du zusammen mit deinen Freunden Karima und Luka für die Sommerfreizeit Zelte bestellt. Zwei der Zelte entsprechen jedoch nicht euren Erwartungen. Du möchtest deswegen ein Reklamationsschreiben (Beschwerdebrief) aufsetzen. Dafür steht dir die Materialsammlung (M1–M5) zur Verfügung. Lies dir zunächst die Aufgabenstellung und dann die Materialien aufmerksam durch, bevor du mit dem Schreiben beginnst.

Aufgaben:

1. Schreibe dir einen „Spickzettel", auf dem du kurz notierst, was du beim Schreiben eines Reklamationsschreibens beachten musst. Verwende dafür die Informationen aus M3 und M4.

2. Markiere in den Materialien die Informationen, die du zum Schreiben deines Briefes benötigst.

3. Übertrage folgende Tabelle in dein Heft:

Briefkopf	Brieftext: Einleitung	Brieftext: Hauptteil	Brieftext: Schluss	Briefschluss

   Trage ein, welche Informationen du in welchem Teil verwenden willst. Notiere dir in Klammern jeweils die genutzten Materialien.

4. Verfasse mithilfe deiner Vorarbeit aus den Aufgaben 1–3 ein komplettes Reklamationsschreiben.

REKLAMATIONSSCHREIBEN:

Beschädigte Lieferung

Material

M1: Der Riss im Zeltboden

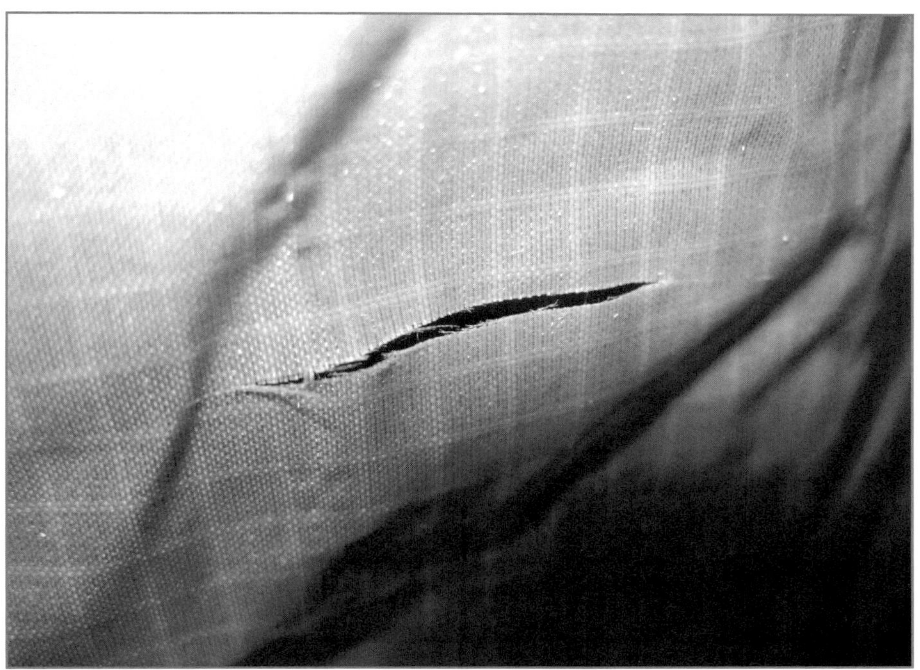

M2: Ein Gespräch

Luka: Oh, prima! Unsere Zelte sind endlich da!

Karima: Ja, schon, aber ich fürchte, zwei davon können wir gleich wieder zurückschicken.

Luka: Wieso das denn?

Karima: Na ja, bei dem einen Zelt hab ich einen Riesenriss im Zeltboden entdeckt, der ist bestimmt zehn Zentimeter lang. Und dieses Zelt hier – irgendwie sah das auch auf dem Foto anders aus. Größer. Findest du nicht?

Luka: Hmm. Laut Rechnung soll es vier Kammern zum Einhängen haben. Das Zelt hier ist aber viel kleiner, da sind doch nur drei Kammern zum Einhängen vorgesehen, oder?

Karima: Stimmt. So was Blödes.

M3: Rechnung der Firma MAIBERG Zelte

MAIBERG Zelte
Friedrich-Ebert-Str. 37
8436 Stralsund
Tel. +49 2 345 634 545 656
Fax +49 2 345 634 545 655
info@maiberg-zelte.com
www.maiberg-zelte.com

MAIBERG Zelte • Friedrich-Ebert-Str. 37 • 8436 Stralsund

Jugendverein Wormsdorf
Frau Karima Ballin
Am Knock 98
44365 Wormsdorf

29.04.2016

Rechnung Nr. 54567

Sehr geehrte Frau Ballin,

wir bedanken uns für Ihre Bestellung vom 15.04.2016 und stellen Ihnen vereinbarungsgemäß folgende Artikel in Rechnung.

Pos.	Bezeichnung	Menge	Preis	Gesamt
1	Freizeitzelt rot Dreikammerzelt, PVC	4	200,00 €	800,00 €
2	Freizeitzelt blau Vierkammerzelt, PVC	1	240,00 €	240,00 €
			Netto:	1040,00 €
			USt.:	197,60 €
			Brutto:	**1237,60 €**

Mit freundlichen Grüßen

Christa Maiberg
MAIBERG Zelte

Bank: Sparbank Frankfurt • Konto: 435 11 56 • BLZ: 502 400 30

Beschädigte Lieferung

M4: Gliederung eines Geschäftsbriefs

Beim Aufbau eines Geschäftsbriefes ist eine Gliederung in drei Absätze sinnvoll:

In der **Einleitung** beschreiben Sie kurz: Welche Situation liegt vor? Führen Sie in ein bis zwei Sätzen zum Thema hin und erläutern den aktuellen Anlass Ihres Briefes.

Im **Hauptteil** erklären Sie: Was soll erreicht werden? Arbeiten Sie Ihre Argumentation aus, indem Sie Behauptungen aufstellen, diese begründen und durch Beispiele/Belege veranschaulichen.

Der **Schluss** Ihres Geschäftsbriefes gibt Antwort auf die Frage: Was soll der Empfänger des Briefes tun? Er beinhaltet also einen Wunsch, einen Appell oder eine konkrete Handlungsaufforderung an den Briefempfänger.

M5: So schreiben Sie ein Reklamationsschreiben

Wenn die gekaufte Ware nicht das hält, was ihre Werbung verspricht, oder das gekaufte Produkt Mängel aufweist, sorgt das beim Käufer für jede Menge Ärger. Nicht jeder ist mutig und entspannt genug, in einem solchen Fall für seine Rechte einzutreten. Was also tun, wenn die gekaufte Ware defekt oder mangelhaft ist?

[...] Muss ich als Käufer denn unbedingt zurück ins Geschäft, um dort vor anderen Kunden mit dem Verkäufer zu reden? Nein! Es gibt viele andere Möglichkeiten, wie Sie eine Reklamation anbringen können. Einer dieser Wege ist das Reklamationsschreiben. Mit diesem bringen Sie Ihr Anliegen klar vor, haben aber im Vorfeld die Möglichkeit, sich in Ruhe zu überlegen, wie Sie das Problem schildern möchten und welche Lösung Sie sich vom Verkäufer wünschen.

Ein weiterer Vorteil dieses Schreibens ist, dass Sie damit etwas in der Hand haben. Sollte sich die betreffende Firma auf Ihr Schreiben nicht melden, haben Sie einen Beleg dafür, dass Sie bereits um eine Klärung des Problems ersucht haben. Sinnvoll ist es ferner, der Firma das Schreiben per Einschreiben zukommen zu lassen. Sollte es zu einer juristischen Auseinandersetzung kommen, haben Sie einen einwandfreien Beleg, dass Sie bereits um Klärung gebeten haben. Haben Sie diesen Beleg nicht, kann der Empfänger abstreiten, Ihr Schreiben jemals erhalten zu haben.

Reklamationsschreiben:

Beschädigte Lieferung

[...] Die folgenden Schritte dienen als Muster für ein Reklamationsschreiben [...] und können schnell individuell angepasst werden:

✓ **Schritt 1:** Erstellen Sie das Schreiben unbedingt an einem Computer. Das gibt dem Ganzen ein professionelles Aussehen.

✓ **Schritt 2:** Sammeln Sie alle nötigen Unterlagen, die Sie brauchen, um das Reklamationsschreiben fertigzustellen. Dazu gehört beispielsweise die Rechnung. Aber auch Fotos des Artikels können hilfreich sein.

✓ **Schritt 3:** Nun geht es ans Schreiben. Auf [Ihrem Brief] sollten sowohl Ihre Adresse als auch Ihre Kontaktdaten (E-Mail-Adresse oder Telefonnummer) stehen. Zusätzlich kommt in den oberen Bereich des Schreibens die Adresse des Händlers bzw. der Firma, bei der Sie das Produkt gekauft haben. Setzen Sie auch das aktuelle Datum dazu.

✓ **Schritt 4:** Schreiben Sie eine Betreffzeile, die aussagekräftig ist. In Fettschrift sollte dort beispielsweise stehen „Reklamation Fernseher TV Media Seriennummer 38570238458".

✓ **Schritt 5:** Achten Sie darauf, dass Ihr Schreibstil förmlich und höflich ist. Beschimpfungen bringen Sie nicht weiter. [E]motionale Ausdrücke sind zu vermeiden und außerdem sollten Sie stets sachlich bleiben.

✓ **Schritt 6:** Schreiben Sie, dass Sie den Kaufpreis zurückfordern oder dass Sie das Gerät gegen ein neues voll funktionierendes Gerät eintauschen möchten. Beachten Sie jedoch, dass der Verkäufer rechtlich gesehen das Produkt einmal auf seine Kosten reparieren lassen darf. Sollte das Gerät danach noch immer nicht funktionieren, muss er es ersetzen oder den Kaufpreis zurückerstatten.

✓ **Schritt 7:** Lassen Sie sich den Eingang Ihres Schreibens schriftlich bestätigen. Damit stellen Sie sicher, dass alle Fristen eingehalten werden. Überprüfen Sie das Schreiben nun noch einmal auf Rechtschreibfehler, und schicken Sie es dann per Einschreiben weg. [...]

(Quelle: Poluliakh, Julia: So schreiben Sie ein Reklamationsschreiben. www.experto.de/b2b/muster-vorlagen/beschwerde-reklamation/so-schreiben-sie-ein-reklamationsschreiben.html, Zugriff am 05.08.2015.)

BEWERBUNGSANSCHREIBEN:

Schülerpraktikum im Tierheim

In der Tageszeitung hat Amira eine interessante Stellenanzeige für ein Praktikum in den Sommerferien gefunden, auf das sie sich bewerben möchte. Verfasse Amiras Bewerbungsanschreiben. Dafür steht dir die Materialsammlung (M1–M4) zur Verfügung. Lies dir zunächst die Aufgabenstellung und dann die Materialien aufmerksam durch, bevor du mit dem Schreiben beginnst.

Aufgaben:

1. Schreibe dir einen „Spickzettel", auf dem du kurz notierst, was du beim Schreiben eines Bewerbungsanschreibens beachten musst. Arbeite dabei mit den Materialien M2 und M4.

2. Markiere in den Materialien die Informationen, die du zum Schreiben von Amiras Anschreiben benötigst.

3. Übertrage folgende Tabelle in dein Heft:

Briefkopf	Brieftext: Einleitung	Brieftext: Hauptteil	Brieftext: Schluss	Briefschluss

   Trage ein, welche Informationen du in welchem Teil verwenden willst. Notiere dir in Klammern jeweils die genutzten Materialien.

4. Schreibe mithilfe deiner Notizen aus den Aufgaben 1–3 Amiras komplettes Bewerbungsanschreiben.

BEWERBUNGSANSCHREIBEN:

Schülerpraktikum im Tierheim

M1: Anzeige im Untersteinacher Tagblatt vom 02. Mai 2016

Du bist mindestens 15 Jahre alt und hast bereits Erfahrung mit Haustieren?

Tierheim Buchinger vergibt ein- bis dreiwöchige Schülerpraktika

Unser Betrieb bietet jederzeit Praktikumsplätze für Schülerinnen und Schüler an. Die meisten unserer Praktikanten besuchen die 8. oder 9. Klasse und absolvieren dreiwöchige Praktika. Diese Zeit reicht aus, um einen kleinen Einblick in den Beruf „Tierpfleger/in" zu bekommen.
In unserem Tierheim wirst du während deines Praktikums alle wichtigen Arbeiten erledigen. Dazu gehören Reinigungsarbeiten in den Tierhäusern, den Außengehegen, Ställen und Käfigen. Außerdem gewinnst du interessante Einblicke in die Tierarztpraxis, hilfst beim Füttern der Tiere, lernst die Katzenstation kennen und erfährst einiges über den Umgang mit Kleintieren. Natürlich bekommst du von unseren drei hauptamtlichen Mitarbeiterinnen und Mitarbeitern alles Wichtige genau erklärt.
Arbeitskleidung (festes Schuhwerk, robuste Hose, wetterbeständige Jacke, Gummistiefel) musst du selbst mitbringen.
Wir erwarten von unseren Praktikantinnen und Praktikanten, dass sie frei von ansteckenden Krankheiten oder Allergien sind.

Bewerbungen mit Lebenslauf, Bild und Angabe des möglichen Praktikumszeitraums bitte per Post oder E-Mail an:

Tierheim Buchinger
Marcel Buchinger
Am Steinweg 65
97856 Untersteinach
oder
marcel_buchinger@tierheim-buchinger.de

M2: Zeitungsartikel zum Thema Bewerbungsanschreiben

Floskelfrei und höchstpersönlich

Verboten, verboten, verboten: Floskeln. Und der Standard-Text, der auch für eine andere Bewerbung hätte geschrieben werden können. „Individualisiert und speziell auf die gewünschte Stelle zugeschnitten" müsse der Text sein, sagt Lars-Uwe Worbach vom bfz*. [...] Das bestätigt auch der Ebensfelder Karriere- und Bewerbungstrainer Johannes Stärk. Seine Merkregel: Nicht aus der Sicht des Bewerbers schreiben, sondern aus der des Unternehmens. Beim Personalverantwortlichen müsse die Botschaft auf den Schreibtisch gelangen: „Ich passe zu dieser Stelle."

[...] Ins Anschreiben gehören der Absender, die Anschrift, die Telefonnummer, die E-Mail-Adresse, das Datum, der korrekt geschriebene Firmenname. Nicht dorthin gehört die Floskel „Sehr geehrte Damen und Herren", sondern der Name des richtigen Ansprechpartners. Damit beweist der Kandidat Aktivität und Motivation und das kommt gut an beim Firmenchef. Wichtig ist es laut Worbach, sich darüber klar zu werden, welche Ansprüche die Stelle an den Bewerber stellt. [...] Warum bin ich geeignet, womit erfülle ich das Anforderungsprofil und warum möchte ich gerade diese Stelle? [...] Ein Beispiel: Für die Stelle im Service-Bereich ist Zuverlässigkeit eine unabdingbare Eigenschaft. Der Bewerber sollte nach Belegen bei sich selbst suchen, nach Situationen im Berufsleben, in denen er seine eigene Zuverlässigkeit unter Beweis stellen konnte. Das Praktikum und die Schulzeit müssen dafür geistig abgescannt werden. Der Personalverantwortliche, der eine solche Bewerbung lese, sehe vor allem eines: Dieser Bewerber hat sich Gedanken gemacht, der weiß, worauf es ankommt beim Thema „Zuverlässigkeit", sagt Worbach.

Die gleiche Vorgehensweise empfiehlt er auch bei anderen Schlüsseltugenden wie etwa der Leistungsbereitschaft oder der Teamfähigkeit: Der Bewerber solle klären, was es bedeutet, „teamfähig" zu sein, also Aufgaben gemeinsam mit anderen zu lösen, sich nach anderen richten zu können. Dann solle er nach Situationen suchen, in denen er dies bereits unter Beweis gestellt habe.

[...] Auf alle Fälle verboten ist: erfinden. Denn in einem Bewerbungsgespräch komme dies schonungslos ans Tageslicht. Deshalb nur auf wirklich Erlebtes Bezug nehmen. Länger als eine DIN-A4-Seite sollte ein Anschreiben nicht sein. Im „Betreff" sollte stehen, welche Ausbildung man anstrebt und wo und wann man die Stellenanzeige gesehen hat. Ein unbedingtes Muss sei der Grund, warum der Bewerber sich ausgerechnet um diese Stelle bewirbt.

Selbstverständlich dürfen sich keine Rechtschreibfehler im Anschreiben verstecken. Deshalb rät Stärk dazu, den Text von Eltern oder Freunden gegenlesen zu lassen. Und am besten einige Tage ruhen zu lassen.

Ach ja, noch ein paar Regeln: Stets die gleiche Schrift verwenden, mit PC schreiben, Druckerpatrone darf nicht lahmen, Datum auf Anschreiben und Lebenslauf müssen identisch sein. Und zu guter Letzt muss man das Anschreiben unterschreiben.

(Quelle: o. Verf.: Floskelfrei und höchstpersönlich. http://schulewirtschaft-kulmbach.de/index.php?option=com_content&view=article&id=34:floskelfrei-und-hoechstpersoenlich&catid=6:bewerbungstipps&Itemid=6, Zugriff am 05.08.2015)

* *bfz: berufliche Fortbildungszentren*

Schülerpraktikum im Tierheim

M3: Ein Gespräch mit einem Freund

Amira: Hallo, Bengin, schau mal! Ich hab eine tolle Stellenanzeige für ein Sommerpraktikum gefunden.

Bengin: Cool, im Tierheim! Das wäre ja wie geschaffen für dich. Du hast doch immer davon geträumt, beruflich mal was mit Tieren zu machen.

Amira: Eben! Und erste Erfahrungen mit Haustieren hab ich ja auch schon. Immerhin haben wir zwei Katzen zu Hause und als Hundesitterin hab ich auch schon gearbeitet. Letztes Jahr hat sich doch unser Nachbar, der Herr Kowalski, das Bein gebrochen. Und da bin ich jeden Tag mit seiner Dänischen Dogge Bella spazieren gegangen.

Bengin: Das würde ich alles auf jeden Fall in deinem Anschreiben erwähnen.

Amira: Sag mal, du hast dich doch neulich als Wagenpfleger beworben – kannst du mir mal dein Anschreiben zukommen lassen? Ich weiß gar nicht mehr genau, wie so was aufgebaut sein muss und was da alles reinkommt.

Bengin: Klar, kann ich machen.

M4: Bengins Bewerbungsanschreiben als Wagenpfleger

Bengin Nisa
Simmersgasse 54
97361 Steeßen
Tel.: 09099 5423
bengin.nisa@net.de

Bengin Nisa • Simmersgasse 54 • 97361 Steeßen

Otto Rust KG
Frau Anna Soest
Kappstr. 49
97362 Steeßen

Steeßen, 02. Februar 2016

Bewerbung um eine Stelle als Wagenpfleger

Sehr geehrte Frau Soest,

mein Onkel Karol Nisa, ein langjähriger Leasingkunde bei der Otto Rust KG, machte mich auf Ihre Anzeige im Steeßener Wochenblatt vom 31. Januar 2016 aufmerksam.
Da ich seit meiner Kindheit großes Interesse und viel Freude an Autos habe, bewerbe mich gerne auf die von Ihnen ausgeschriebene Stelle als Wagenpfleger. Zurzeit besuche ich die Berufsbildende Schule Trönnigen, Fachrichtung Fahrzeugtechnik. Meinen Abschluss mache ich im Juli, sodass ich am 1. September bei der Otto Rust KG anfangen könnte.
Seit drei Jahren helfe ich samstags bei einem Freund meiner Eltern an einer Tankstelle aus. In den letzten Sommerferien habe ich im Autohaus Schell in Durlach ein Praktikum absolviert und dabei praktische Kenntnisse vor allem in den Bereichen Kundenbetreuung und Fahrzeugtypen erworben. Ich habe Führerscheine der Klassen A und B und besitze einen eigenen Pkw.

Ich bin überzeugt, dass die Arbeit an verschiedenen Autos und als Teil eines jungen Teams mir sehr viel Freude machen würde. Gerne würde ich die Otto Rust KG mit meinen Qualifikationen, Kenntnissen und viel Motivation unterstützen. Ich freue mich über die Einladung zu einem persönlichen Gespräch.

Mit freundlichen Grüßen

Bengin Nisa

Anlagen:
Lebenslauf mit Foto
Kopie des letzten Zwischenzeugnisses
Praktikumsbescheinigungen

BLOGEINTRAG:

Eltern heute – moderne Familienbilder

Für einen Blog bereitest du eine persönliche Stellungnahme zum Thema „Eltern heute – moderne Familienbilder" vor. Dafür steht dir die Materialsammlung (M1–M4) zur Verfügung. Lies dir zunächst die Aufgabenstellung und dann die Materialien aufmerksam durch, bevor du mit dem Schreiben beginnst.

Aufgaben:

1. a) Schreibe dir Fragen auf, die du in deinem Blogeintrag beantworten willst. Notiere auch weitere Stichpunkte, über die du schreiben möchtest.

   b) Markiere in den Materialien die Informationen, die du zum Beantworten deiner Fragen und zur Erklärung deiner Stichpunkte benötigst.

   c) Beantworte deine Fragen und schreibe wichtige Schlüsselbegriffe auf. Notiere dir in Klammern jeweils die genutzten Materialien.

2. Schreibe einen Blogeintrag mithilfe deiner Notizen aus Aufgabe 1. Gehe dabei so vor:

   a) Gib deinem Blogeintrag eine passende Überschrift und gliedere den Text während des Schreibens durch Absätze und Zwischenüberschriften.

   b) Formuliere eine Einleitung, in der du die Leser auf das Thema neugierig machst.

   c) Fasse in eigenen Worten die wichtigsten Umfrageergebnisse zum Thema „Eltern heute – moderne Familienbilder" zusammen.

   d) Beschreibe anhand eines konkreten Beispiels aus dem Text, was Familie heute im Vergleich zu früher ausmacht.

   e) Erkläre in eigenen Worten deine persönlichen Idealvorstellungen von modernen Vätern und Müttern.

   f) Beende deine Stellungnahme mit einem persönlichen Fazit, was für dich ein gelungenes Familienleben auszeichnet.

BLOGEINTRAG:

Eltern heute – moderne Familienbilder

M1: Mütter sind immer häufiger erwerbstätig

Am 8. März war Internationaler Frauentag. Seit über 100 Jahren fordern Frauen an diesem Tag Gleichberechtigung – beispielsweise auf dem Arbeitsmarkt. In Deutschland hat in den vergangenen Jahren die Erwerbstätigkeit von Frauen allgemein, aber auch von Müttern deutlich zugenommen. Für Letztere spielt in diesem Zusammenhang die Vereinbarkeit von Familie und Beruf eine wichtige Rolle.
2013 waren rund 61 % der Mütter aktiv erwerbstätig, das waren sechs Prozentpunkte mehr als 1996 (55 %). Ob Mütter berufstätig sind, ist besonders stark vom Alter der Kinder abhängig: 2013 waren Frauen mit Kindern unter drei Jahren am seltensten aktiv erwerbstätig (31 %). Daneben spielt auch die Familienform eine Rolle: So arbeitete nur jede vierte alleinerziehende Mutter mit Kindern in diesem Alter (26 %), aber 31 % der Ehefrauen und 35 % der Lebenspartnerinnen mit Kindern.
Von allen aktiv erwerbstätigen Müttern waren 2013 insgesamt mehr als zwei Drittel (70 %) in Teilzeit beschäftigt – 1996 lag die Quote noch bei 51 %. Besonders häufig arbeiteten 2013 Ehefrauen mit Kindern in Teilzeit (75 %). Im Vergleich dazu waren nur 57 % der Lebenspartnerinnen mit Kindern und 58 % der alleinerziehenden Mütter in Teilzeit beschäftigt.

(Quelle: o. Verf.: Internationaler Frauentag – Mütter sind immer häufiger erwerbstätig. https://www.destatis.de/DE/ZahlenFakten/ImFokus/Bevoelkerung/ErwerbstaetigkeitFrauenMuetter.html;jsessionid=29B79E88D4A722711FDE0C656842742F.cae3, Artikel vom 04.03.2015. Zugriff am 05.08.2015.)

M2: Forsa-Studie zum Thema „Eltern heute" (2015)

[...] Elternsein ist das schönste auf der Welt – und zugleich so anstrengend wie noch nie, sagen rund 1000 Mütter und Väter mit Kindern bis 12 Jahren in einer großen Forsa-Umfrage, die im Auftrag der Zeitschrift ELTERN durchgeführt wurde.
[...] „Die Bedürfnisse der Familie stehen über allem anderen" – diesen Satz unterschreiben laut Studie etwa zwei Drittel der befragten Eltern. Fast alle anderen geben an, dass ihnen eigene Bedürfnisse und die der Familie gleichermaßen am Herzen liegen. [...]
Wenn es darum geht, wer von den beiden Eltern für die Betreuung der Kinder zuständig ist, bestätigen heute drei Viertel aller Eltern, dass „Vater und Mutter gleichermaßen für die Erziehung der Kinder zuständig sind". Auf die Frage, ob Ansprüche an Eltern heute höher sind als vor 30 Jahren, antworten übereinstimmend 59 % der Mütter und Väter mit „Ja". Allerdings glauben zwei Drittel der Mütter, dass von den Frauen mehr erwartet wird als von den Männern, während die Mehrheit der Väter meint, dass beide Seiten heute mehr leisten müssen. Noch spannender ist [die unterschiedliche Wahrnehmung] bei der Frage nach dem Alltag: 63 % der Väter sagt: Ja, wir sind beide wirklich gleicher-

maßen beteiligt. Aber nur ein Drittel (!) der Mütter stimmt [dem] zu.

[...] Zerrissenheit zwischen Job und Kind – das gilt vor allem für Mütter als Stressfaktor Nr. 1. Aber: Sowohl unter den Vollzeit- als auch unter den Teilzeitangestellten sagen etwa drei Viertel: Ich bin zufrieden mit meiner Arbeitszeit und meiner Work-Life-Balance*. Der meiste Stress kommt daher offenbar aus uns selbst: „Ich habe sehr hohe Ansprüche an mich selbst", sagen 56 % der Männer und 73 % der Frauen. Gleichzeitig geben mehr als zwei Drittel an, dass sie ihren Ansprüchen häufig oder gelegentlich nicht gerecht werden (Frauen: 74 %, Männer: 65 %).

[...] Besonders wichtig finden es Eltern, ihrem Kind Geborgenheit zu vermitteln (77 %) und ein Vorbild zu sein (70 %). Aber auch Leistung zählt: Fast jeder Zweite ist der Meinung: Gute Eltern helfen ihren Kindern in der Schule.

[...] Zwar wünschen sich 44 % der Väter und 39 % der Mütter mehr direkte finanzielle Unterstützung vom Staat (mehr Kindergeld, kostenlose Kita-Jahre), aber Geld ist nicht das Hauptthema. Ein Viertel der Eltern sagt: „Familienpolitik kann sowieso nicht zu unserem privaten Glück beitragen." Und nur 4 % aller Befragten meinen, dass gute Eltern ihren Kindern finanziell etwas bieten müssen. Als Entlastung hingegen würden viele Eltern (33 % der Väter, 40 % der Mütter) „mehr Zeit" empfinden, sei es für die Partnerschaft (28 % der Väter, 20 % der Mütter) oder für sich selbst (18 % der Mütter/8 % der Väter). [...]

(Quelle: Große Forsa-Studie der Zeitschrift ELTERN: „Eltern heute – immer mehr unter Druck?" www.guj.de/presse/pressemitteilungen/grosse-forsa-studie-der-zeitschrift-eltern-eltern-heute-immer-mehr-unter-druck/, Artikel vom 12.01.2015. Zugriff am 05.08.2015.)

* *Work-Life-Balance: Ausgewogenheit zwischen Arbeit und Freizeit*

M3: Mutter, Väter, Kind

© Verlag an der Ruhr | Autorin: Karla Seedorf | ISBN 978-3-8346-3060-5 | www.verlagruhr.de

M4: Umfrage zu Familienidealen (Herbst 2012)

Anteil der Befragten*, die dieser Meinung sind, in Prozent

Voraussetzung für eine Elternschaft	Westdeutschland	Ostdeutschland	Ich stimme zu
Es muss genügend Geld da sein.	80	75	
Das Paar muss verheiratet sein.	18	10	

Gute Mütter	Frauen	Männer	
Eine Mutter sollte nachmittags Zeit haben, um ihren Kindern beim Lernen zu helfen.	83	71	
Eine Mutter sollte einem Beruf nachgehen, um unabhängig vom Mann zu sein.	84	73	
Eine Mutter, die nur zu Hause ist und sich um ihre Kinder kümmert, wird irgendwann unzufrieden.	76	72	

Gute Väter	Frauen	Männer	
Für ein Kind ist es nicht gut, wenn der Vater die Erziehung allein der Mutter überlässt.	74	77	
Ein Vater sollte für seine Kinder beruflich kürzertreten.	52	64	
Ein Mann muss seine Familie allein ernähren können.	22	36	

*Im Alter von 20 bis 39 Jahren
Stand Herbst 2012

(Datengrundlage: Bundesinstitut für Bevölkerungsforschung)

WANDZEITUNGS-INFOTEXT:

Gewaltfreie Erziehung

Du machst gerade ein Praktikum in einer Kindertagesstätte. Anlässlich des Internationalen Weltkindertages soll im Foyer der Einrichtung eine Ausstellung und eine Wandzeitung auf die Rechte der Kinder aufmerksam machen. Für diese Wandzeitung sollst du einen informativen Text zum Thema „Gewaltfreie Erziehung" schreiben. Dafür steht dir die Materialsammlung (M1–M4) zur Verfügung. Lies dir zunächst die Aufgabenstellung und dann die Materialien aufmerksam durch, bevor du mit dem Schreiben beginnst.

Aufgaben:

1. a) Markiere in der Materialsammlung mit zwei verschiedenen Farben die Gründe, warum Eltern ihre Kinder schlagen und warum Schläge kein geeignetes Erziehungsmittel sind.

   b) Fasse die Informationen stichpunktartig zusammen. Ergänze gegebenenfalls eigene Gründe.

2. Schreibe einen Infotext mithilfe deiner Notizen aus Aufgabe 1.
   Gehe dabei so vor:

   a) Gib deinem Wandzeitungstext eine passende Überschrift.

   b) Formuliere eine Einleitung, in der du die Leser auf das Thema neugierig machst.

   c) Erläutere kurz die aktuelle Gesetzeslage zum Thema „Gewaltfreie Erziehung".

   d) Fasse in vier bis fünf Sätzen die wichtigsten Umfrageergebnisse zum Thema „Gewalt in der Erziehung" zusammen.

   e) Formuliere unter den Zwischenüberschriften „Schläge in der Erziehung – warum sie schlecht sind" und „So gelingt Ihnen die gewaltfreie Erziehung" Erziehungstipps für Eltern. Belege deine Argumentation mit passenden Beispielen aus den Materialien und überlege dir eigenen Ratschläge.

   f) Notiere unterhalb deines Textes die von dir genutzten Materialien.

WANDZEITUNGS-INFOTEXT:

Gewaltfreie Erziehung

M1: Warum Gewalt in der Erziehung immer falsch ist

[...] Jede Woche sterben in Deutschland zwei Kinder aufgrund von Gewalt. Gewalt, die auch innerhalb von Familien passiert. Weitaus höher dürften die Anzahl der Kinder sein, die von ihren Eltern immer noch mit Klaps und Ohrfeige erzogen wird. Und das 15 Jahre, nachdem das Gesetz zur Ächtung von Gewalt in der Erziehung vom Bundestag verabschiedet wurde. „Kinder haben ein Recht auf gewaltfreie Erziehung. Körperliche Bestrafungen, seelische Verletzungen und andere entwürdigende Maßnahmen sind unzulässig", heißt es dort.
Dabei gelte bei den meisten Eltern eine gewaltfreie Erziehung als Ideal, sagt Cordula Lasner-Tietze, stellvertretende Bundesgeschäftsführerin des Deutschen Kinderschutzbundes, im Gespräch mit unserer Redaktion. „Der größte Teil der Eltern will, dass ihr Kind gut aufwächst, besser als sie selbst sogar."
Bei vielen, die spontan hauen, seien oftmals alltägliche Stresssituationen der Auslöser: „Diesen Eltern tut es zumeist auch sehr leid." Sie seien auch die, die sich an Hilfestellen wie den Kinderschutzbund wenden, damit derlei nicht mehr passiere. „Ist bei Eltern ein Problembewusstsein und Empathie gegenüber dem Kind vorhanden, kann zukünftige Gewalt meist gut verhindert werden."

Schwieriger sei der Umgang mit Eltern, die keinerlei Problembewusstsein hätten und es als normal betrachten, Kinder mit Gewalt zu erziehen. „Aber es ist nie harmlos, sein Kind mit körperlicher oder seelischer Gewalt zu erziehen", so Lasner-Tietze. „Das Kind erlebt ein Gefühl des Ausgeliefertseins, der Ohnmacht und der Unterlegenheit. Es gibt keine würdevolle Gewalt", sagt sie [...]. Die Auswirkungen von Gewalt in der Erziehung sind vielfältig: „Einige Kinder üben selbst Gewalt aus, andere wiederum ziehen sich zurück, wenden sich von Alltagssituationen ab und wieder andere neigen dazu, sich selbst zu verletzen." [...]

Wie kommt es dann, dass einige Kinder heil aus ihrem prügelnden und sie abwertenden Elternhaus herausfinden? „Zumeist gibt es bei diesen Kinder eine Person, auf die sie sich stützen konnten und die ihnen immer das Gefühl gegeben hat, dass sie ok sind, so wie sie sind", sagt Lasner-Tietze. Ob diese Person nun Tante, Onkel, Großeltern, Nachbarin oder ein Lehrer ist, ist egal. „Ihr Handeln, ihr Dasein ist bedeutend für die Entwicklung des Kindes."

Zuschauern von elterlicher Gewalt rät Lasner-Tietze zur Aktion, selbst wenn das Mut verlange: „Greifen Sie aktiv ein, sprechen Sie die Familie an und schreiten Sie ein, wenn es ganz schlimm wird. Ein Satz wie ‚So geht das aber nicht!', laut ausgesprochen wirkt manchmal Wunder."

(Quelle: Berghahn, Corinna: Klaps und Ohrfeige. Warum Gewalt in der Erziehung immer falsch ist. www.noz.de/deutschland-welt/gut-zu-wissen/artikel/625279/warum-gewalt-in-der-erziehung-immer-falsch-ist, Artikel vom 14.10.2015, Zugriff am 11.11.15.)

Gewaltfreie Erziehung

M2: Gesetze

Artikel 6 und 8 der UN-Kinderrechtskonvention:
Kinder haben das Recht auf Schutz vor Gewalt, Missbrauch und Ausbeutung. Kinder haben das Recht, dass ihr Privatleben und ihre Würde geachtet werden.

Bürgerliches Gesetzbuch, Paragraf 1631, Absatz 2:
Kinder haben ein Recht auf gewaltfreie Erziehung. Körperliche Bestrafungen, seelische Verletzungen und andere entwürdigende Maßnahmen sind unzulässig.

M3: Schwächere schlägt man nicht!

M4: Umfrage zu Gewalt in der Erziehung

In einer [...] Studie, die Anfang des Jahrzehnts (2002) von der Bundesregierung in Auftrag gegeben wurde, zeigte sich, dass fast drei von vier Eltern zu dieser Zeit noch Gewalt in der Erziehung anwendeten: 54 % setzten noch ab und an leichte körperliche Strafen wie einen leichten Klaps auf den Po ein, jedoch keine Strafen wie eine Tracht Prügel – auf dieses Mittel griffen damals aber immerhin noch 17 % zurück.

Eine Umfrage von t-online.de/eltern gab ebenfalls diese Tendenz wieder: Das Elternportal fragte seine User „Sind Sie der Meinung, dass ein Klaps in Ordnung ist?" Von den 4437 Besuchern, die abstimmten, halten knapp drei Viertel (74,8 %) den berühmt-berüchtigten Klaps für ein legitimes* Erziehungsmittel. Nur 21,8 % lehnen ihn ab. In eine ähnliche Richtung gehen auch viele der zahlreichen Kommentare, die zu dem Thema eingegangen sind. Zwar spricht sich der größere Teil der User gegen eine richtige Prügelstrafe aus – ein Klaps ist für viele allerdings in Ordnung. Stellvertretend für diese Einstellung kann zum Beispiel die Meinung von t-online-Leser „Opa" gesehen werden: „Wie alles im Leben ist auch der sogenannte ‚Klaps' relativ. Einen leichten Klaps auf den Po kann man schon mal akzeptieren, aber bitte, nur auf den Po und natürlich nicht bei einem Baby. Eine leichte Ohrfeige ist absolut kein Klaps mehr, sondern im hohen Maße entwürdigend und ist für mich ein Fall für das Jugendamt."

Dabei vergessen viele, dass eben auch ein Klaps auf den Po für Kinder eine schwere Demütigung sein kann. Kinder brauchen eindeutige Grenzen und klare Regeln, aber keine Schläge. Wenn ein Klaps oder das Wegschlagen von einer Hand auch körperlich keine Schäden hinterlassen mag, so kann dies doch das Kind auf andere Weise verletzen: Machtlosigkeit, Ohnmacht und auch Scham ist es, was ein Kind in solchen Momenten oft erlebt. „Super Nanny" Katharina Saalfrank macht vor kurzem in einem Interview mit www.bild.de deutlich: „Fest steht: Es gibt keinen Unterschied zwischen Klapsen und Prügeln. Beides ist Gewalt!"

(Quelle: o. Verf.: Erziehungsmethoden: Darf Eltern die Hand ausrutschen? www.t-online.de/eltern/erziehung/id_19536630/gewalt-als-erziehungsmethode.html, Zugriff am 05.08.2015.)

* *legitim: berechtigt, angebracht*

Schülerzeitungsartikel:

Medien im Wandel der Zeit

Als Redakteur eurer Schülerzeitung möchtest du einen informativen Artikel zum Thema Medien im Wandel der Zeit schreiben. Dafür steht dir die Materialsammlung (M1–M5) zur Verfügung. Lies dir zunächst die Aufgabenstellung und dann die Materialien aufmerksam durch, bevor du mit dem Schreiben beginnst.

Aufgaben:

1. Markiere in der Materialsammlung mit verschiedenen Farben die Informationen, die du jeweils zur Bearbeitung der Aufgaben 2 b), c), d) und e) benötigst.

2. Schreibe einen Schülerzeitungsartikel mithilfe deiner Notizen aus Aufgabe 1. Gehe dabei so vor:

   a) Gib deinem Artikel eine passende Überschrift und gliedere den Text während des Schreibens durch Absätze und Zwischenüberschriften.

   b) Formuliere eine Einleitung, in der du die Leser auf das Thema neugierig machst.

   c) Erkläre kurz die geschichtliche Bedeutung des Mediums Buch für die Entwicklung der Menschheit.

   d) Fasse in vier bis fünf Sätzen die wichtigsten Umfrageergebnisse zum Thema Mediennutzung seit 1970 zusammen.

   e) Informiere deine Leser über Web 2.0 und erläutere, welche Vor- und Nachteile Online-Medien mit sich bringen.

   f) Notiere unterhalb deines Textes die von dir genutzten Materialien.

© Verlag an der Ruhr | Autorin: Karla Seedorf | ISBN 978-3-8346-3060-5 | www.verlagruhr.de

Medien im Wandel der Zeit

M1: Die Geschichte der Druckmedien

[...] Lange Zeit war es schwierig, wenn nicht sogar unmöglich, an wichtige Informationen heranzukommen: Wer in Stein gehauene Botschaften lesen wollte, musste sich wohl oder übel an den Ort begeben, an dem sie sich befanden. Tontafeln und Papyrusrollen waren zwar leichter zu transportieren, aber auch nicht gerade das, was man ein Massenmedium nennt.

Die Wende brachte die Erfindung des Buchdrucks durch Johannes Gutenberg im 15. Jahrhundert. Erstmals konnten dadurch Informationen relativ schnell und fehlerfrei vervielfältigt werden. Fehler, die beim Abschreiben oder der mündlichen Weitergabe [...] entstehen, wurden weitgehend vermieden.
Noch blieben Bücher allerdings teuer. In großer Auflage wurden nur Einblattdrucke (Flugblätter) hergestellt. Wer lesen konnte und wollte und nicht reich war, musste eine Bibliothek aufsuchen. [...] Erst die Erfindung des Rotationsdrucks machte es möglich, Bücher und Zeitungen in großen Auflagen herzustellen. Das Buch wurde zum Informationsträger Nummer eins. Daran hat sich bis heute nichts geändert:

- ✓ Ein Großteil des Wissens der Menschheit ist in Büchern gespeichert.
- ✓ Bücher sind leicht verfügbar und preiswert und können unabhängig von zusätzlichen Vorrichtungen überall genutzt werden.
- ✓ Aufgrund der allgemeinen Schulbildung können sie in den Industriestaaten von fast jedem gelesen werden.
- ✓ Bücher sind in Bibliotheken und Katalogen systematisch geordnet, um das Auffinden von Informationen zu erleichtern.

Als aktuelle Medien dienten Zeitung, Zeitschrift und Plakat. Gemeinsam schufen die Druckmedien eine wesentliche Grundlage für das Funktionieren der Demokratie: Erst der offene Zugang zu aktuellen Informationen und zu Hintergrundwissen ermöglicht eine sinnvolle Mitsprache. [...]

(Quelle: Berger/Holler/ Jatzek/Martin/Mauz/Unger/ Gutenberg-Museum, Mainz: Von Gutenberg zum World Wide Web. Wien: Dachs-Verlag 2000, S. 93 ff.)

M2: Nutzungsdauer der tagesaktuellen Medien 1970 bis 2005

Mo–So¹), 05.00–24.00 Uhr, BRD gesamt²), Person ab 14 J., in Min./Tag

	1970	1974	1980	1985	1990	1995	2000	2005
Fernsehen	113	125	125	121	135	158	185	220
Hörfunk	73	113	135	154	170	162	206	221
Tageszeitung	35	38	38	33	28	30	30	28
Internet	–	–	–	–	–	–	13	44

¹) Der Sonntag wurde erst ab 1990 in die Erhebung aufgenommen.
²) Bis 1990 nur alte Bundesländer.

(Datengrundlage: Suedwestfunk)

Medien im Wandel der Zeit

M3: Hilfe, ein Buch!

M4: Journalismus im Umbruch

Seit den 1990er Jahren entwickelt sich das Internet rasant zum Massenmedium. Mittlerweile hat die Internetnutzung bei der jüngeren Generation dem Fernsehkonsum den Rang abgelaufen. Egal, ob es darum geht, sich zu informieren, zu bilden, zu spielen, Musik und Filme zu konsumieren, Kontakte zu pflegen, Geschäfte zu machen, Geld anzulegen: Online ist alles möglich. Informationen sind nicht nur schneller zu finden, sondern noch dazu meist gratis. Die alten „Offline"-Medien konnten vor diesem Trend nicht die Augen verschließen. Heute leisten sich eigentlich alle namhaften traditionellen Medien ein Online-Portal, zum Teil mit eigenen Online-Redaktionen.

[...] Neuerdings wird in Abgrenzung zum „herkömmlichen" Internet der Begriff „Web 2.0" oder „Social Media" gebraucht. Darunter fallen alle Nutzungsformen, die dem gegenseitigen Austausch von Meinungen oder Erfahrungen dienen. Die Nutzer sorgen selbst für die Inhalte, seien es Urlaubsbilder, Musikvideos oder Ratschläge und Informationen aller Art, und stellen diese ins Internet: Auf spezielle Video-, Foto-, oder Nachrichtenportale, in Online-Foren, in ihr Weblog (oder Blog – eine Art Online-Tagebuch), oder sie nutzen dazu ihr persönliches Profil in einem der zahlreichen „Sozialen Netzwerke", wie Facebook, MySpace oder SchülerVZ.

[...] Der Wandel der Medienwelt vom Aufkommen der kommerziellen Fernsehsender bis zum heutigen „Web 2.0" verändert nicht nur die Mediennutzung, er verändert auch die Medienproduktion und damit die Medieninhalte. Noch nie hatten so viele Menschen, und damit auch Laien, die

Medien im Wandel der Zeit

Möglichkeit, „Nachrichten" zu produzieren. Das Web 2.0 macht es möglich. Es entsteht eine immer schnelllebigere und unübersichtlichere Welt aus Informationen, Meinungen und Unterhaltung.
Journalisten haben nun die Aufgabe, aus diesem Meer an Information und Desinformation das herauszufiltern, was richtig und wichtig ist. Und das oft unter enormem Zeitdruck. [...] Nachhaken, Recherchieren, Überprüfen, Informationen in ihrer Wichtigkeit richtig einordnen – grundlegendes, journalistisches Handwerkszeug – kostet jedoch viel Zeit und Geld. Und dies können (und leider auch wollen) sich immer weniger Medienverantwortliche [...] leisten.

[...] Um die Gunst der Leser, Zuschauer und Zuhörer wird in der Medienlandschaft hart gekämpft – Auflage (Presse), Quoten (Rundfunk) und Klickzahlen (Online-Medien) sind die maßgeblichen Werte, nach denen der Erfolg bemessen wird. Der Zwang zur Schnelligkeit, Attraktivität und Exklusivität verlangt einen Mehreinsatz von Personal und Ressourcen. Der ist jedoch für viele nicht finanzierbar, denn ein Anstieg der Einnahmen bleibt aus. Die Finanzierungslücke wird immer größer, der Sparzwang immer abenteuerlicher. [...] Redaktionen werden verkleinert, eigene [...] Recherchen unterbleiben zugunsten von Agentur- oder Pressemeldungen. Dadurch wächst die Gefahr, dass von PR-Profis verfasste, interessegeleitete Meldungen in die Medien gelangen, getarnt als objektive, journalistische Berichterstattung. [...] Die Vielfalt und Unabhängigkeit der Medien, die die deutsche Medienlandschaft in den letzten Jahrzehnten ausgezeichnet hat, scheint bedroht.

(Quelle: o. Verf.: Hintergrund: Medienwelt im Wandel. https://www.planet-schule.de/wissenspool/quo-vadis-brd/inhalt/sendung-medien-und-politik/hintergrund-medienwelt-im-wandel.html, Zugriff am 05.08.2015.)

M5: Statistik zur Mediennutzung der Deutschen (2014)

Durchschnittliche Nutzungsdauer der Medien 2014
in Min./Tag

	Fernsehen[1])	Hörfunk[2])	Internet[3])	Zeitung[4])	Tonträger[2])	Buch[4])	Zeitschriften[4])
Gesamt (ab 14 J.)	240	192	111	23	27	22	6
14–29 J.	128	142	233	10	63	30	4
30–49 J.	223	207	135	18	26	15	4
ab 50 J.	297	203	46	34	10	23	9

[1]) AGF in Zusammenarbeit mit GfK, TV Scope: 1. Halbjahr 2014.
[2]) ma 2014/I.
[3]) ARD/ZDF-Onlinestudio 2014
[4]) Massenkommunikation 2010.

(Datengrundlage: ARD/ZDF-Onlinestudie 2014)

LESERBRIEF:

Computerspiele

Du möchtest einen Leserbrief als Antwort auf den Artikel „Eltern, spielt mehr Computer!" (M1) schreiben, in dem du deine Meinung zum Thema Computerspiele darlegst. Dafür steht dir die Materialsammlung (M1–M5) zur Verfügung. Lies dir zunächst die Aufgabenstellung und dann die Materialien aufmerksam durch, bevor du mit dem Schreiben beginnst.

Aufgaben:

1. Lies die Materialien M1–M5 und bilde dir eine Meinung zum Thema „Nutzen und Gefahren von Computerspielen". Notiere deinen Standpunkt in Stichworten.

2. Markiere die wichtigsten Informationen in den Materialien. Benutze dabei vier verschiedene Farben für Pro- und Kontraargumente, Begründungen und Beispiele/Belege.

3. Übertrage folgenden Schreibplan in dein Heft:

Briefkopf	Brieftext: Einleitung	Brieftext: Hauptteil	Brieftext: Schluss	Briefschluss

Trage ein, welche Aspekte eines Briefes und welche Informationen und Argumente du in welchem Teil verwenden willst. Notiere dir bei Informationen aus dem Text jeweils die genutzten Materialien in Klammern.

4. Verfasse mithilfe deines Schreibplans den kompletten Leserbrief.

© Verlag an der Ruhr | Autorin: Karla Seedorf | ISBN 978-3-8346-3060-5 | www.verlagruhr.de

M1: Leserartikel in COMPUTER HEUTE

Eltern, spielt mehr Computer!

von Roman Herbig

[...] Viele Eltern kennen das: Das Kind sitzt wieder stundenlang am PC, reagiert gereizt, wenn man es anspricht, oder ignoriert einen gleich ganz. Es vergeudet lieber seine Zeit mit Computerspielen, als sinnvolle Dinge zu tun.

Welches Spiel spielt Ihr Kind? Seit wann? Mit wem? Wie gut ist es darin? Diese vier trivialen Fragen können Eltern oft nicht beantworten. Sie sind zwar stolz auf die sportlichen oder musischen Aktivitäten ihrer Kinder. Sie wissen, dass ihr Kind Kapitän der Fußballmannschaft ist oder gerade Beethovens Mondscheinsonate am Klavier lernt. Über die Computerspiele ihres Sohnes oder ihrer Tochter aber wissen sie nicht Bescheid. Der Computer ist schließlich unwichtig, geradezu böse.

Ein Gedankenspiel: Einmal hat Ihr Kind ein Fußballspiel, das andere Mal ein virtuelles Match gegen andere Computerspieler. Nun stellen Sie fest, dass Ihr Kind noch etwas erledigen muss. Laufen Sie zum Sportplatz und erinnern es daran? Wohl kaum. Warum holen Sie es aber vom PC weg?

Um bei dem Gedankenexperiment zu bleiben: Bei einem Fußballspiel tolerieren oder wünschen Sie sich, dass Ihr Kind sich über einen Fehlpass ärgert, denn es zeigt Emotionen, will sich verbessern und aus Fehlern lernen. Warum finden sie den gleichen Wutausbruch bedenklich, wenn er vor dem Monitor stattfindet? Und nach einem Fußballspiel informieren Sie sich, wie das Spiel ausgegangen ist. Warum nicht nach einem Computerspiel?

Computerspiele sind nicht zwangsläufig eine Beschäftigung, um Zeit totzuschlagen. Es gibt professionelle Ligen: In Korea etwa sind Profis an der Maus quasi Popstars. Auf der ESWC, der Weltmeisterschaft im eSport, ging es 2012 um insgesamt 215 000 Dollar in zehn Sparten. Die besten Spieler verdienen längst als sogenannte Pro-Gamer ihr Gehalt. Oft stehen sie in Teams fest unter Vertrag, besitzen also ein ähnliches Arbeitsverhältnis wie Fußballprofis.

Spiele fordern und fördern das Gehirn, sofern sie richtig eingesetzt werden. Die Geschwindigkeit moderner Ego-Shooter verbessert das Reaktionsvermögen, Rollenspiele erfordern komplexe soziale Interaktionen, Denk- und Strategiespiele verlangen Voraussicht sowie die Fähigkeit, spontan und flexibel Ideen zu entwickeln und umzusetzen. Sie glauben das nicht? Informieren Sie sich bei Ihrem Kind, was es am Computer macht. Und spielen Sie selbst!

(Quelle: Herbig, Roman: Eltern, spielt mehr Computer! www.zeit.de/digital/2012-12/leserartikel-eltern-computer-spiele, Leserartikel vom 12.12.12. Zugriff am 05.08.2015.)

Leserbriefe bitte an: COMPUTER HEUTE, Redaktion Leserbriefe, Am Backenberg 317, 02345 Ollendorf

M2: Gewaltorgien am Computer

Die Jugendlichen in Deutschland verbringen immer mehr Zeit mit Computerspielen und werden teilweise von diesen abhängig. Dies geht aus einer [...] Studie des Kriminologischen Forschungsinstituts Niedersachsen (KfN) hervor [...]. Demnach sind vor allem männliche Jugendliche gefährdet, spielsüchtig zu werden. Fast ein Drittel der 15-Jährigen bringt es pro Tag im Durchschnitt auf eine Spielzeit von mehr als drei Stunden, jeder dreizehnte Junge wird vom KfN entweder als abhängig (3 %) oder als gefährdet (4,7 %) eingestuft.
Viele Jugendliche verbrächten übers Jahr gesehen mehr Zeit mit online gespielten Computerspielen als im Schulunterricht. Dies sei „völlig unakzeptabel", schreiben die Autoren der Studie und fordern, die Altersfreigabe für besonders suchtgefährdende Spiele auf 18 Jahre anzuheben.

Für die Untersuchung hatten die Wissenschaftler des Hannoveraner Instituts zwischen April 2007 und Oktober 2008 gut 15 000 Schülerinnen und Schüler in ganz Deutschland befragt. Die Neuntklässler, die im Schnitt 15,6 Jahre alt waren, füllten hierzu einen sechs Seiten langen Fragebogen aus. [...] Eine hohe Suchtgefahr geht laut KfN vor allem von sogenannten Online-Rollenspielen aus, bei denen Tausende Spieler, die durch das Internet verbunden sind, in einer virtuellen Welt gegeneinander antreten.

Unter den zehn Spielen mit der größten Suchtgefahr rangieren aber auch drei sogenannte Shooter-Spiele, bei denen der Nutzer möglichst viele Spielfiguren erschießen muss und die nach dem Amoklauf in Winnenden erneut in die Kritik geraten sind. Auf Platz vier befindet sich das Shooter-Spiel Counterstrike, das auch im Zimmer des Täters gefunden worden ist.

Als besonders problematisch heben die Forscher das Online-Rollenspiel „World of Warcraft" (Welt der Kriegskunst) hervor, das weltweit meistverkaufte Spiel seiner Art. In dem Spiel schließen sich mehrere Akteure zusammen, um in einer Fantasy-Welt Aufgaben zu übernehmen und gegen computergesteuerte Monster zu kämpfen. [...]
Jeder dritte männliche WoW-Nutzer gab in der Umfrage an, das Spiel täglich im Schnitt mehr als viereinhalb Stunden zu spielen. Männliche Schüler, die WoW spielen, fallen im Vergleich zu anderen Jugendlichen häufiger durch deutlich schlechtere Schulnoten und mehrfaches Schwänzen auf.

Dieser Effekt sei in allen Schulformen und unabhängig vom Bildungsniveau im Elternhaus festzustellen, Gymnasiasten zeigten sich ähnlich anfällig für das Dauerdaddeln wie Hauptschüler. Ob ein Jugendlicher süchtig werde, hänge durchaus von der Art des Spieles ab, nicht nur von Charakter oder Lebensumständen des Spielers. [...]

(Quelle: Preuß, R.: Gewaltorgien am Computer. www.sueddeutsche.de/digital/jugend-und-computer-spiele-gewaltorgien-am-computer-1.400200, Artikel vom 17.05.10. Zugriff am 05.08.2015.)

M3: Was Deutschland spielt

Beliebteste Spielgenres in Deutschland (in Millionen Spielern)

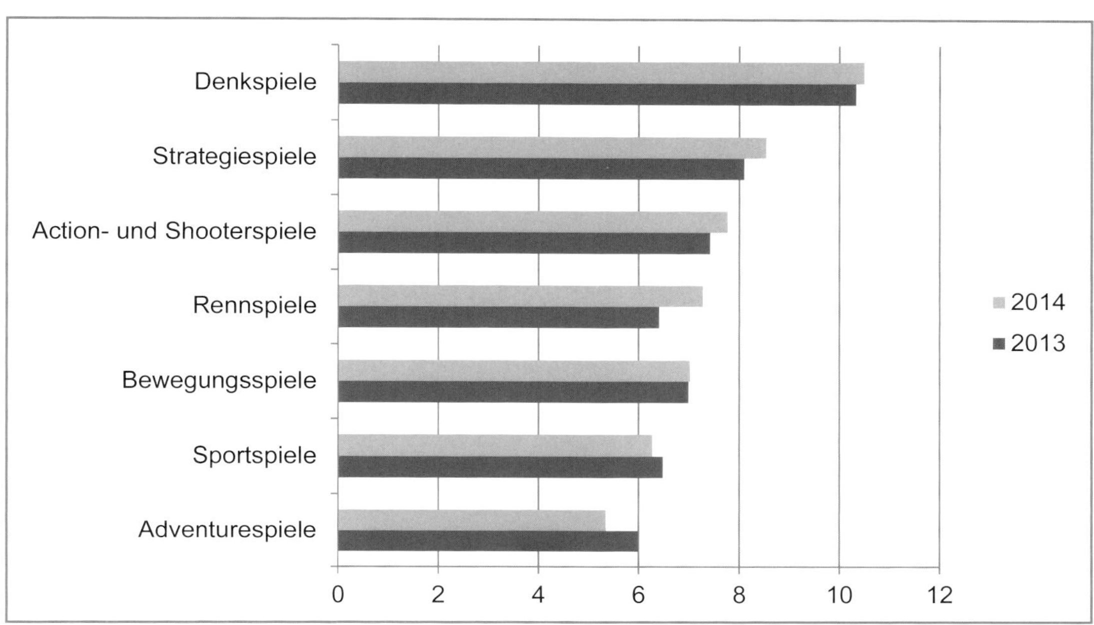

(Datengrundlage: Handelsblatt)

M4: Kulturgut Games: Ballern ist nicht alles

[...] Dass vor allem kleine, blasse, übergewichtige Jungs in Kellern Computer spielen [...], war wohl immer nur ein Klischee [...]. Untersuchungen zeigen heute, dass Rentner ebenso wie Schüler spielen [...] – und das unabhängig vom Geschlecht. [...] Das Computerspiel scheint auf dem Weg, zum Leitmedium des 21. Jahrhunderts aufzusteigen. [...] [Es] lassen sich drei Spielertypen unterscheiden: Sportler, die in den Spielen Gefallen finden an Leistung und Triumph; Entdecker, die auf [erzählerischen] Windungen den Raum ihrer Spielwelt erkunden; und Socializer, die in Spielen nach Austausch und Gemeinschaft suchen. [...] Unabsehbar ist auch, wie sich [...] Computerspiel[en] auf den Alltag auswirkt. [...] [D]ie Antwort, die wir auf unsere Versuche im Spiel bekommen, lautet meist: „Das kannst du besser. Versuch's noch mal." Das Medium des Computerspiels [...] vermittelt dem Spieler den Glauben, dass er erreichen kann, was er will, wenn er nur will. [...] Der bittere Beigeschmack ist nur, dass [Perfektionismus] kein Wert an sich ist und für alles Mögliche eingespannt werden kann. [...]

(Quelle: Probst, Maximilian: Kulturgut Games. Ballern ist nicht alles. www.zeit.de/2012/50/Computerspiele-Medium-Zukunft/seite-1, Artikel vom 08.12.2012. Zugriff am 05.08.2015.)

M5: Der Held

ICH BIN DER HELD ALLER HELDEN, VON ALLEN BEWUNDERT...
Cola
Chips
©KUNSTSAM.de

INFOTEXT FÜR DIE SCHULHOMEPAGE:

Erneuerbare Energien

Als Mitglied der Umwelt-AG in deiner Schule möchtest du in einem Infotext auf der Schulhomepage über den Zusammenhang zwischen Klimawandel und erneuerbaren Energien informieren. Dafür steht dir die Materialsammlung (M1–M4) zur Verfügung. Lies dir zunächst die Aufgabenstellung und dann die Materialien aufmerksam durch, bevor du mit dem Schreiben beginnst.

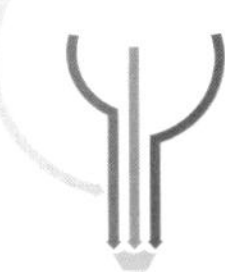

Aufgaben:

1. Markiere in der Materialsammlung mit vier verschiedenen Farben die Informationen, die dir bei der Bearbeitung der Aufgaben 2 a), b), c) und d) helfen.

2. Schreibe einen zusammenhängenden Infotext. Gehe dabei so vor:

   a) Gib deinem Infotext eine passende Überschrift und gliedere den Text während des Schreibens durch Absätze und Zwischenüberschriften.

   b) Beschreibe einleitend, was man unter erneuerbaren Energien versteht.

   c) Erkläre, warum die Suche nach erneuerbaren Energiequellen wichtig und aktuell ist.

   d) Erläutere einige Vor- und Nachteile der Windenergie.

   e) Beschreibe abschließend vier Energiesparmaßnahmen, die du als Mitglied der Umwelt-AG in der Schule durchführen möchtest.

   f) Notiere unterhalb deines Textes die von dir genutzten Materialien.

M1: Erneuerbare Energien

Die Kohle- und Erdölvorkommen (sogenannte fossile Brennstoffe) gehen langsam zur Neige. Auch die Auswirkungen des Klimawandels zeigen sich immer deutlicher. Es kommt zu starken Wetterschwankungen, die globale Erwärmung nimmt zu, schmelzende Gletscher und austrocknende Flüsse bedrohen das ökologische Gleichgewicht. Wir müssen also darauf achten, Energie so umwelt- und klimafreundlich wie möglich zu erzeugen. Deshalb sind die Entwicklung und der Ausbau erneuerbarer Energien ein wichtiges Zukunftsthema. Von Energiewende und nachhaltiger Energiepolitik wird gesprochen, wenn fossile Energiequellen durch erneuerbare Energien ersetzt werden.

Als erneuerbare Energien oder regenerative Energien werden Stoffe bezeichnet, die entweder praktisch unerschöpflich als Energiequelle zur Verfügung stehen oder sich in relativ kurzer Zeit erneuern. Damit unterscheiden sie sich von fossilen Energiequellen, wie Kohle, die innerhalb von Jahrmillionen entstanden sind. Erneuerbare Energien sind Bioenergie, Erdwärme, Wasserkraft, Meeres-, Sonnen- und Windenergie. Im Gegensatz zu fossilen Brennstoffen sind Sonnen- und Wasserkraft, Erdwärme oder Windenergie nämlich klimafreundlich und fast unbegrenzt vorhanden – wenn auch nicht überall genauso viel. Der Wind weht eben nicht überall gleich stark und oft und auch Erdwärme ist an manchen Orten mehr vorhanden als an anderen. Für unsere zukünftige Energieversorgung ist es also am besten, sämtliche Energiequellen je nach geografisch-regionalen Gegebenheiten und dem jeweiligen Einsatzziel der Energie zu nutzen. Der grundsätzlich zwar umweltfreundliche (Solar-)Strom (Sonnenenergie) wäre zum Beispiel zum Heizen eines Gebäudes zu teuer. Es würde zu viel Energie verschwendet, sodass Holz und Erdwärme unterm Strich effektiver und somit auch klimafreundlicher sind. Ein anderes Beispiel: Elektroautos sind zum Beispiel nur dann umweltfreundlich, wenn sie mit Ökostrom, also mit Strom aus erneuerbaren Energien, fahren. Denn bei Strom aus Atom- oder Kohlekraftwerken sind die Energieverluste und auch die Umweltbelastung sehr hoch: Es kommt nämlich nur etwa ein Drittel der Energie, welche die Kraftwerke benötigen, beim Endverbraucher an.

Seit dem Altertum wurden Wind- und Wasserkraft zum Getreidemahlen, zur Ölgewinnung und zur Verarbeitung von Werkstoffen (etwa in einem Sägewerk) genutzt. Heutige Windmühlen erzeugen Strom und sind technisch viel ausgereifter, weil sie den Wind in größeren Höhen „abgreifen" können. Doch nach wie vor ist Wind keine konstante, verlässliche Größe. Doch Stromnetzbetreiber können sich inzwischen darauf einstellen und gleichen vorhergesagte Windflauten durch Wind- und Wasserstrom aus anderen Regionen aus. Der Ausbau erneuerbarer Energien wird weltweit vorangetrieben. Im Jahr 2014 lieferten erneuerbare Energien in Deutschland 25,8% der Bruttostromproduktion.

M2: Bruttostromerzeugung in Deutschland im Jahr 2014

Anteil aller Energieträger an der Gesamtstromerzeugung in %

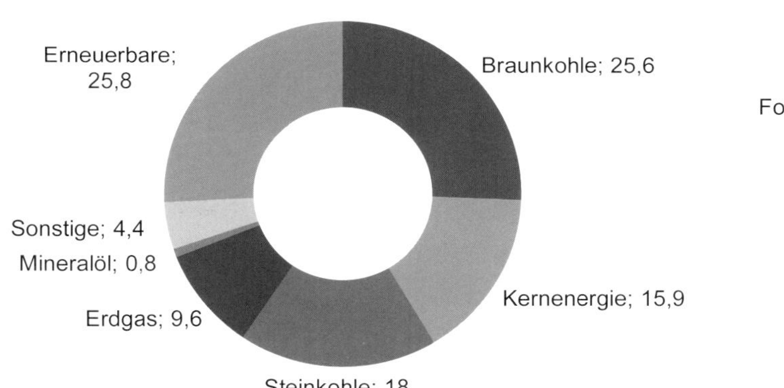

Anteil erneuerbarer Energieträger an der Gesamtstromerzeugung in %

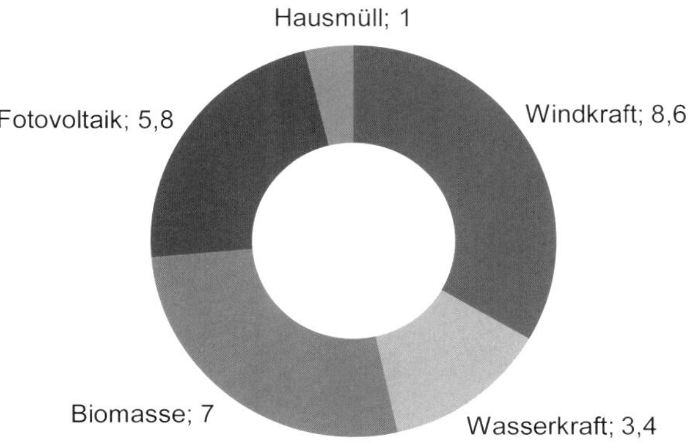

(Datengrundlage: Bundesministerium für Wirtschaft und Ernergie)

M3: Politik und Klimawandel

M4: Tipps und Ideen zum Klimaschutz

[...]

- ✓ Achte darauf, die Heizung nicht bis zum Anschlag aufzudrehen. Meist reicht es schon, sie auf 2 zu stellen. Zieh dir lieber einen Pulli über, wenn es etwas kühl ist. Nachts sollten Heizungen grundsätzlich ganz ausgeschaltet sein.
- ✓ Schalte elektronische Geräte nur an, wenn du sie wirklich brauchst.
- ✓ Mach das Licht aus, wenn du aus dem Zimmer gehst. Stell Fernseher, Computer und CD-Player immer ganz aus. Kein Lämpchen und keine Zahl soll mehr leuchten! Zieh zur Not einfach den Stecker, das ist auf jeden Fall sicher. [...]
- ✓ Wasser muss im Klärwerk mit Energieaufwand gereinigt werden ... also: Wasserhahn zumachen, während du dich in der Dusche einseifst, die Zähne putzt oder Geschirr abwäschst.
- ✓ Achte bei Klopapier, Schulheften, Druckerpapier, Taschentüchern und anderen Papiererzeugnissen darauf, dass sie als Recyclingpapier gekennzeichnet sind. Orientieren kannst du dich zum Beispiel an dem Stempel für Original-Umweltschutzpapier: [...] Dieses Papier ist reines Recyclingpapier, dafür wurde kein Wald abgeholzt. Es wurde auch nicht in aufwändigen, umweltschädlichen Verfahren gebleicht oder enttintet, also von alter Farbe befreit.
- ✓ Spare Papier. Benutze Vor- und Rückseite und verwende, um Notizen zu machen, auch Papier, das du nicht mehr brauchst. Auch für viele Ausdrucke ist bereits einseitig bedrucktes Papier völlig in Ordnung – zumindest wenn du es nicht in der Schule abgeben musst.
- ✓ Fahre mit dem Fahrrad oder mit öffentlichen Verkehrsmitteln. [...] Das schont die Umwelt, den Geldbeutel und ist gesund. Und außerdem macht es Spaß.
- ✓ [...] Achte beim Einkaufen darauf, woher die Lebensmittel kommen. Bioprodukte schonen die Umwelt. [...] Bioprodukte aus deiner Region [...] haben nur kurze Anfahrtswege und verschlingen so weniger Energie für den Transport.
  Auch ist es sinnvoll, darauf zu achten, dass man viele Produkte der Saison kauft, zum Beispiel Kohl im Winter und Kirschen im Sommer.
- ✓ [...] [A]chtet [beim Kauf neuer Elektrogeräte] darauf, dass [sie] wenig Strom verbrauchen. Solche Geräte tragen einen Aufkleber mit dem Kennzeichen A+++. Vielleicht sind sie etwas teurer in der Anschaffung, aber auf lange Sicht sparen sie durch ihren geringen Verbrauch Strom und somit auch Geld.
- ✓ Außerdem kann man sich seinen [Öko-]Stromanbieter selbst aussuchen. Also: Warum sollte man dann klimaschädlichen Kohlestrom oder gefährlichen Atomstrom kaufen? [...]

(Quelle: o. Verf.: Tipps und Ideen zum Klimaschutz. http://kids.greenpeace.de/taxonomy/term/39?type=knowledge, Zugriff am 05.08.2015.)

SCHÜLERZEITUNGSARTIKEL:

Die Bedeutung des Schlafes

Du bist Mitglied der Wissenschafts-AG in deiner Schule. Auf der Homepage eurer Schülerzeitung möchtest du in einem Artikel über die Bedeutung des Schlafes für den Menschen informieren. Dafür steht dir die Materialsammlung (M1–M4) zur Verfügung. Lies dir zunächst die Aufgabenstellung und dann die Materialien aufmerksam durch, bevor du mit dem Schreiben beginnst.

Aufgaben:

1. Markiere in der Materialsammlung mit drei verschiedenen Farben die Informationen, die du zur Bearbeitung der Aufgaben 2b), c) und d) benötigst.

2. Schreibe einen zusammenhängenden Artikel für die Schülerzeitungs-Homepage. Gehe dabei so vor:

   a) Gib deinem Artikel eine passende Überschrift und gliedere den Text während des Schreibens durch Absätze und Zwischenüberschriften.

   b) Erläutere in eigenen Worten, weshalb es für den Menschen so wichtig ist, ausreichend Schlaf zu bekommen.

   c) Beschreibe, inwiefern sich der Schlafbedarf in Abhängigkeit vom Alter ändert.

   d) Gib deinen Lesern am Schluss des Artikels ein paar Tipps, wie sie für einen erholsameren Nachtschlaf sorgen können.

   e) Notiere unterhalb deines Textes die von dir genutzten Materialien.

SCHÜLERZEITUNGSARTIKEL:

Die Bedeutung des Schlafes

M1: Interview mit Schlafforscher Dieter Kunz

Dr. Kunz, verlernen wir im Alltagsstress der modernen Gesellschaft, auf das natürliche Schlafbedürfnis unseres Körpers zu hören?

Dieter Kunz: Viele Studien zeigen, welche wirklich wichtige und dennoch unterschätzte Bedeutung der Schlaf hat. Jedes Kleinkind weiß: „Wenn ich jetzt nicht ins Bett gehe, bin ich morgen nicht frisch, um mit Oma zu spielen." Wir Erwachsenen jedoch beachten das nicht mehr. Im Grunde ist es ganz einfach: Jeder, der morgens vom Wecker geweckt wird, hat ganz offensichtlich noch nicht aus- und damit noch nicht genug geschlafen. Und wenn man das mehrfach hintereinander tut, muss man sich tagsüber kaum wundern, wenn man unausgeschlafen ist und die Leistungsfähigkeit nicht optimal.

Wie negativ kann sich Schlafmangel denn auf die Gesundheit auswirken?

Dieter Kunz: Wir wissen sehr genau, dass ein chronischer Schlafentzug – ob durch eigenes Verhalten verantwortet oder durch Störungen des Schlafes ausgelöst, ganz enorme Auswirkungen auf die Gesundheit hat. Das reicht von psychiatrischen Erkrankungen wie Depression, Abhängigkeits- und Angsterkrankungen über Infektionserkrankungen bis hin [zu] Bluthochdruck, Diabetes und Fettleibigkeit. [...]

Die Forsa-Umfrage [...] ergab, dass ein Drittel der Befragten bei Schlafstörungen zum Buch greift. Kann das wirklich helfen beim Einschlafen?

Dieter Kunz: [...] Die Problematik dabei ist [...] das Licht, das wir anmachen und das den Körper verwirrt. Wir erkennen erst in den letzten Jahren, welch dramatische Bedeutung eigentlich Licht und Dunkelheit auf den menschlichen Körper haben. Der Mensch war in den letzten vier Millionen Jahren gewohnt, draußen zu sein – wo uns tagsüber [...] sehr helles Licht umgab und in der Nacht war es dann quasi schwarz. Licht ist also seit jeher für den Körper ein Wachsignal. [...] Wir wissen mittlerweile, dass der Mensch, der tagsüber nicht mehr im ursprünglichen Sinne „draußen" ist, eigentlich in biologischer Dunkelheit lebt. [...] Machen wir bei Schlafstörungen noch eine Lampe an, [...] hat das einen enorm störenden und biologisch messbaren Einfluss. [...]

(Quelle: o. Verf.: „Jeder, der morgens vom Wecker geweckt wird, hat noch nicht genug geschlafen." www.forschung-fuer-unsere-gesundheit.de/zielgruppen-navigation/presse/meldungen-aus-der-gesundheitsforschung/forsa-umfrage-schlaf-ist-fuer-viele-ein-geheimnis/fragen-an-schlafforscher-dieter-kunz.html, Zugriff am 11.11.2015.)

M2: Schlaf – Grundbedürfnis und Lebenselixier

[...] Schlaf ist bei weitem nicht, wie lange angenommen wurde, eine rein passive Tätigkeit. Während Teile des Körpers im Schlaf „auf Sparflamme" arbeiten, sind andere äußerst aktiv. Im Schlaf sind Kreislauf, Atmung und Puls verlangsamt. Der Körper reagiert schwächer auf äußere Reize. Gleichzeitig finden während des Schlafens wichtige Aufbau- und Abbauprozesse statt. Unser Gehirn arbeitet auf Höchstleistung und verarbeitet die Erlebnisse des Tages. Über den Schlaf machen sich die meisten nur Gedanken, wenn er gestört ist. Nicht zu Unrecht, denn lang anhaltende Schlafstörungen führen zu gesundheitlichen und auch psychischen Störungen.

[...] Als die Arbeit des Menschen noch vom Tageslicht abhängig war, schliefen sie bis zum Sonnenaufgang. Wenn die Sonne wieder unterging, legten sie sich ins Bett. Vor 100 Jahren erfand Thomas Alva Edison die elektrische Glühbirne und nun war es möglich, auch abends und nachts zu arbeiten. Schlaf wurde zunehmend als etwas Überflüssiges betrachtet, zumal man damals über den Schlaf sehr wenig wusste. Die Folge ist, dass der Mensch zunehmend das Gespür für die innere Uhr im Körper verloren hat.

[...] Im Schlaf durchlaufen wir unterschiedlich tiefe Schlafphasen, die sich im Laufe der Nacht immer wieder abwechseln. Wichtig für die Erholung im Schlaf sind zwei Phasen:

- ✓ Im Tiefschlaf erholt sich der Körper. Hier werden wichtige Bausteine gebildet, die für die Erhaltung und Reparatur unserer Organe wichtig sind. Ausreichend langer Schlaf verlangsamt Alterungsprozesse.
- ✓ In der sogenannten Traum-Phase (auch REM-Phase genannt) findet die geistige Erholung statt.

Fehlen die REM-Phasen, so hat dies weit reichende Auswirkungen. Versuchspersonen, die im Schlaflabor in jeder REM-Phase geweckt wurden, zeigten bereits nach zwei Tagen psychische Auswirkungen wie depressive und aggressive Verstimmungen. Erstreckte sich der REM-Schlaf-Entzug über mehrere Wochen, traten Angstzustände und sogar schwere Psychosen auf. Für einen gesunden Schlaf ist ein ausreichend langer Schlaf mit Tiefschlaf- und REM-Phasen wichtig.

[...] Einen Mangel am „Grundnahrungsmittel" Schlaf geht neben dem Risiko für psychische Probleme auch mit dem Risiko körperlicher Erkrankungen einher. Schlafstörungen begünstigen Entzündungen im Körper, die wiederum Grund für Arteriosklerose sind. Folgen von fehlendem oder gestörtem Schlaf können auch Kopfschmerzen, Bluthochdruck, Magen-Darm-Störungen sein. Chronische Schlafstörungen können außerdem zu einer Insulin-Resistenz und verschlechterten Glucose-Toleranz führen – Faktoren, die einen Diabetes begünstigen.

SCHÜLERZEITUNGSARTIKEL:

Die Bedeutung des Schlafes

Material

[...] Das Gehirn ist im Schlaf aktiver als im Wachzustand. Dabei wird nicht nur Gelerntes im Gedächtnis verankert. Auch Erlebnisse des Tages werden bewertet und unbewusst unseren Erfahrungen zugeordnet. Ständiger Schlafmangel verringert die Gedächtnisleistung. Tests, bei denen Versuchspersonen Vokabeln lernen mussten und nach unterschiedlicher Schlafdauer abgefragt wurden, haben dies bestätigt. Schlaf ist also nicht nur hilfreich für das Lernen, er ist dafür sogar notwendig.

[...] Unser Immunsystem arbeitet im Schlaf auf Hochtouren. Während des Schlafes werden besonders viele immunaktive Stoffe ausgeschüttet, die die Immunabwehr steigern. Infektionen können so am besten bekämpft werden. Ein Mangel an Schlaf führte in Untersuchungen schon nach sechs Tagen zu einer verminderten Antikörperantwort. [...]

(Quelle: o. Verf.: Schlaf – Grundbedürfnis und Lebenselixier. www.gesundheit.de/krankheiten/gehirn-und-nerven/schlafstoerungen/schlaf-grundbeduerfnis-und-lebenselixier, Zugriff am 05.08.2015.)

M3: Schlafbedürfnis abhängig vom Alter

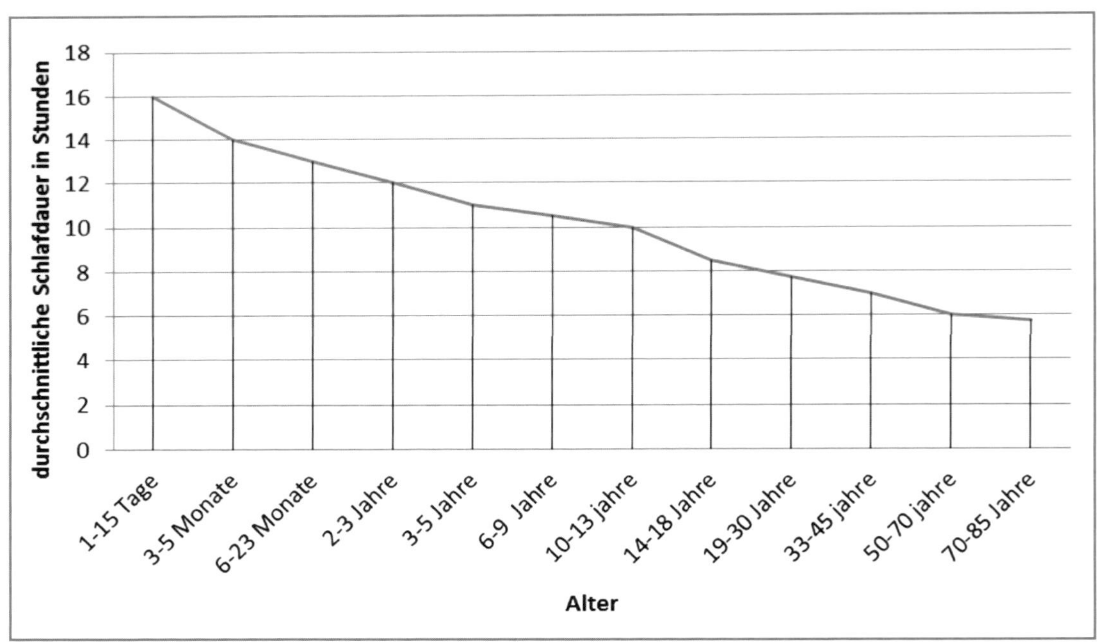

(Datengrundlage: Techniker Krankenkasse Hamburg)

M4: Sieben Tipps für einen erholsamen Schlaf

[...]

✓ Tagsüber sollten Sie möglichst aktiv sein und sich viel bewegen – aber mit genügend zeitlichem Abstand zum Schlafengehen.

✓ Verzichten Sie mehrere Stunden vor dem geplanten Einschlafen auf anregende Getränke, Alkohol und schwere Speisen.

✓ Hilfreich kann es auch sein, ein persönliches Entspannungsritual zu finden: Lesen Sie zum Beispiel vor dem Einschlafen oder hören Sie ruhige Musik.

✓ Dunkeln Sie das Schlafzimmer ab, halten Sie es kühl und schirmen Sie es möglichst gegen Lärm ab.

✓ Notebook oder Tablet im Bett sind tabu! Ihr bläuliches Licht stört unsere innere Uhr und kann das Einschlafen erschweren. Auch Fernsehen im Bett ist bei Schlafstörungen wenig empfehlenswert.

✓ Versuchen Sie, einen regelmäßigen Schlaf-Wach-Rhythmus zu finden, gehen Sie jeden Tag halbwegs um die gleiche Zeit ins Bett, damit der Körper sich darauf einstellen kann.

✓ Machen Sie sich nicht verrückt, wenn Sie mal nachts kurz aufwachen – und sehen Sie nicht auf die Uhr! Kleine Wachphasen gehören zum gesunden Schlaf dazu.

(Quelle: Frater, Harald: Die sieben besten Tipps gegen Schlafstörungen. www.focus.de/wissen/experten/harald_frater/wenn-die-nacht-zum-tag-wird-7-tipps-gegen-schlafstoerungen_id_4207131.html, Artikel vom 17.10.2014, Zugriff am 01.09.2015)

LESERBRIEF:

Gleichberechtigung und Rechte der Frauen

Aufgaben

In einem argumentativen Leserbrief möchtest du deine Meinung zum Thema Gleichberechtigung darstellen und eine E-Mail-Antwort zum Artikel „Männer haben genug von Emanzipation" (M4) schreiben. Lies dir zunächst die Aufgabenstellung und dann die Materialien (M1–M5) aufmerksam durch, bevor du mit dem Schreiben beginnst.

Aufgaben:

1. Bilde dir mithilfe der Materialien M1–M5 eine Meinung zum Thema Gleichberechtigung. Notiere deinen Standpunkt in Stichworten.

2. Markiere in der Materialsammlung mit verschiedenen Farben die Informationen und Belege, die du jeweils zur Bearbeitung der Aufgaben 3 c) und d) benötigst.

3. Schreibe einen zusammenhängenden E-Mail-Leserbrief mithilfe deiner Vorarbeit aus den Aufgaben 1 und 2. Gehe dabei so vor:

   a) Wähle für deinen Leserbrief eine passende Betreffzeile und gliedere deinen Mailtext während des Schreibens durch Absätze.

   b) Formuliere eine Einleitung, in der du den Artikel und den Grund deines Briefes nennst.

   c) Beschreibe die wichtigsten Schritte zur Gleichberechtigung und erläutere, ob bzw. inwieweit sie heute in Deutschland deiner Meinung nach ausreichend durchgesetzt sind.

   d) Laut einer Umfrage in M4 finden fast zwei Drittel der befragten Männer, „dass es mit der Gleichberechtigung in Deutschland mittlerweile reicht." Stelle deine eigene Meinung zu dem Thema dar und veranschauliche sie mit passenden Belegen.

   e) Notiere unterhalb deines Textes die von dir genutzten Materialien.

LESERBRIEF:

Gleichberechtigung und Rechte der Frauen

M1: Gleichberechtigung zwischen Mann und Frau – Ein langer Weg

[...] Dass Frauen in unserem Land die gleichen Rechte haben wie Männer, kommt vielen von uns heute ganz selbstverständlich vor. [Dabei] ist es noch gar nicht so lange her, dass in den Augen der Gesellschaft die einzige Aufgabe einer Frau die Sorge für Ehemann, Familie und Haushalt sein sollte. [...] Keine Frau in Deutschland muss heute einen Mann heiraten, um „versorgt" zu sein – dass Frauen berufstätig sind, ist nichts Ungewöhnliches mehr. Auch berufstätige Mütter gehören in unserer Zeit zum Alltag. [...]

Im 19. Jahrhundert war man davon jedoch weit entfernt. Die meisten Menschen waren damals der Ansicht, dass Jungen und Männer „mehr wert" seien als Mädchen und Frauen und selbstverständlich mehr Rechte hätten. [...] Männer galten als klüger und in den meisten Bereichen fähiger als Frauen – außer, wenn es um typische „Frauenarbeit" wie Putzen, Waschen, Kochen und Kinderhüten ging. Zu dieser Zeit standen den Frauen längst nicht dieselben Bildungsmöglichkeiten offen wie den Männern und ihre Berufschancen waren dementsprechend eng begrenzt. Ab ungefähr 1820 entstanden zwar zahlreiche Mädchenpensionate oder „höhere Töchterschulen", die von Mädchen und jungen Frauen aus gehobenen Gesellschaftsschichten besucht wurden. [...] Höhere Schulabschlüsse oder Universitätsbesuche waren für diese Frauen [jedoch] nicht möglich. [...] Ab 1893 wurden die ersten sogenannten „Gymnasialkurse" für Mädchen eingerichtet. [...] 1909 konnten Frauen schließlich in ganz Deutschland studieren [...]. [...] 1949 wurde ins Grundgesetz der neuen Bundesrepublik Deutschland der folgende Satz aufgenommen: „Männer und Frauen sind gleichberechtigt." [...] Das Bild der Frau als gute Hausfrau und Mutter änderte sich [jedoch in den 1950er- und] 1960er-Jahren zunächst nicht wesentlich. Als entscheidender Umbruch gilt die Einführung der „Anti-Baby-Pille", die in den USA erstmalig 1960 und in Deutschland ein Jahr später als völlig neuartiges Verhütungsmittel auf den Markt kam. [...] Für viele Frauen war es eine Befreiung, selbst über ihre Kinderplanung entscheiden zu können und dadurch unabhängiger zu sein. [...] Im Jahr 1977 kam es in Deutschland schließlich zu wichtigen Reformen im Ehe- und Familienrecht. Es wurde festgelegt, dass die Ehepartner die Haushaltsführung „in gegenseitigem Einvernehmen" zu regeln haben und außerdem Rücksicht auf die Erwerbstätigkeit des anderen nehmen müssen. Vorher hatte rechtlich noch die „Hausfrauenehe" gegolten, was bedeutete, dass der Mann hauptsächlich für den Unterhalt und die Frau für die Versorgung der Familie zuständig war. Zwei Jahre später kamen Reformen zur besseren Vereinbarkeit von Mutterschaft und Berufsleben dazu.

[...] Dass die völlige Gleichberechtigung zwischen Mann und Frau das Ziel ist, wurde 1993 schließlich im Grundgesetz verankert: „Der Staat fördert die tatsächliche Durchsetzung der Gleichberechtigung von

Frauen und Männern und wirkt auf die Beseitigung bestehender Nachteile hin." Viele Regelungen zum Schutz der Frauenrechte wurden erst spät durchgesetzt – so ist die Vergewaltigung in der Ehe zum Beispiel erst seit 1997 strafbar, und seit 2004 wird sie nicht ausschließlich auf Antrag des Opfers strafrechtlich verfolgt. Im Alltag und Berufsleben sind Frauen und Männer noch längst nicht überall gleichgestellt.

(Quelle: Hähnel, Silvia/Pawlak, Britta: Gleichberechtigung zwischen Mann und Frau – ein langer Weg www.helles-koepfchen.de/artikel/2957.html, Zugriff vom 11.11.2015.)

M2: Die häufigsten Ausbildungsberufe 2013

Anzahl der neu abgeschlossenen Ausbildungsverträge

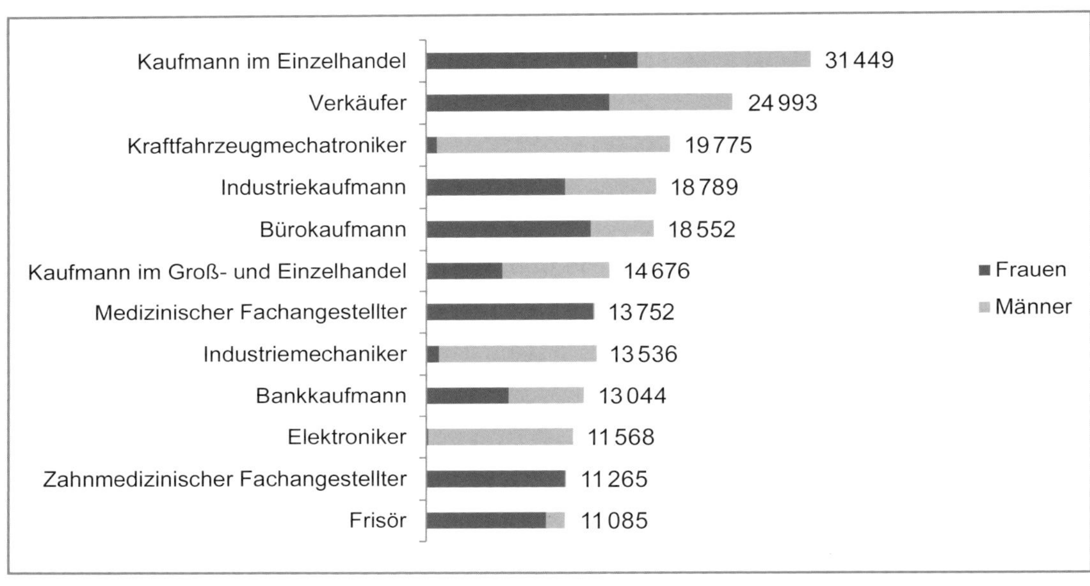

(Datengrundlage: ZEIT)

M3: Gleichberechtigung heute

[...] Obwohl mehr Frauen in den politischen Parteien sogar hohe Ämter besetzen, haben sich die Lebensbedingungen für viele Frauen verschärft. [...] Mit Blick auf den EU-Gleichstellungsbericht 2007 spricht der Deutsche Frauenrat von einer „grundlegenden Diskriminierung*": Verdienen Frauen in Europa durchschnittlich 15 % weniger als Männer, sind es in Deutschland gut 20 %. Laut ver.di** sind 29,6 % aller Arbeitnehmerinnen im Niedriglohnsektor tätig im Vergleich zu 12,6 % der männlichen Arbeitnehmer. Die Folgen sind eine [unübersehbare] Altersarmut von Frauen, die wohl in den nächsten Jahren noch zunehmen wird. Darüber hinaus wird wieder das

LESERBRIEF:

Gleichberechtigung und Rechte der Frauen

Thema Arbeitsbedingungen in den Blick genommen, auch dies ein Bereich, in dem Frauen sehr stark von Diskriminierungen betroffen sind. [...] Noch immer wählen über 50 % aller Mädchen sogenannte „typische Frauenberufe" [...] – Berufe mit geringem Lohn und niedriger sozialer Anerkennung. [...] Insgesamt bleibt das Interesse an vermeintlich männlichen Berufsfeldern bei Mädchen jedoch eher gering, nicht zuletzt, weil sie schon früh und anders als ihre [männlichen] Altersgenossen über die Vereinbarkeit von Job und Familie nachdenken. In den Vorstellungen der Jungen ist „einen Beruf haben" quasi Voraussetzung dafür, später eine Familie zu gründen. Mädchen dagegen ziehen schon früh den Schluss, dass Berufstätigkeit und Familienleben miteinander in Konflikt stehen und sie diejenigen sein werden, die ihn zu lösen haben. Dieser Eindruck wird durch die [...] Debatte um die [angeblich] unersetzliche Rund-um-die-Uhr-[Versorgungspflicht] von Müttern in den ersten Lebensjahren noch verschärft.

Mehr als die Hälfte aller Eltern unterscheidet in Mädchen- und Jungenfächer. So werden – vereinfacht gesprochen – mathematische Misserfolge für Jungen gerne mit einem Formtief, bei Mädchen als [...] mangelnde Eignung interpretiert. [...] Starten Jungen und Mädchen ihre Schullaufbahn noch mit gleichen Leistungen und Potenzialen, haben sie bis zum Ende der [Jugend] verinnerlicht, dass Sprache ein Mädchenressort, Mathe und Technik hingegen „Männersache" seien.

[...] Im November 2005 erlangte Angela Merkel das Amt der Bundeskanzlerin und setzte damit auch in Deutschland ein deutliches Signal: Bis in die höchsten Ämter hinein bleiben Männer nun nicht mehr länger unter sich, Frauen fordern lautstark ihren Anteil an Macht, Einfluss und Repräsentation. Insbesondere die bürgerliche Frauenbewegung sah belegt, dass von nun an alles möglich sei, und begrüßte die Kanzlerin als neues Rollenmodell. Andere kritisierten diesen sogenannten „Karrierefeminismus", der [den Eindruck entstehen lasse], der Damm sei gebrochen und jede könne es bis in die Machtzentren schaffen, wenn sie nur hart genug (an sich) arbeite. Dabei sei Angela Merkel eine Ausnahme, die eben nicht die Regel bestätige. Die Frage ist: Wollen wir „die Hälfte vom [...] Kuchen" [...] oder streiten wir lieber für eine andere Welt, in der die patriarchalen*** Spielregeln selbst außer Kraft gesetzt sind?

(Quelle: Mithu, Melanie Sanyal: Frauenbewegung: Wie weiter – offene Fragen und neue Positionen. www.bpb.de/gesellschaft/gender/frauenbewegung/35301/wie-weiter?p=0, Artikel vom 08.09.2008. Zugriff am 05.08.2015.)

---

* *Diskriminierung: die Benachteiligung bestimmter Gruppen (z. B. aufgrundvon Geschlecht, Hautfarbe, Herkunft, sexueller Orientierung etc.)*

** *ver.di: Die Vereinte Dienstleistungsgewerkschaft ist die zweitgrößte Gewerkschaft Deutschlands. Wie alle Gewerkschaften setzt sie sich für die Rechte der Arbeitnehmer ein.*

*** *patriarchal: von Männern/männlichen Werten dominiert/kontrolliert*

M4: Zeitungsartikel der Online-Plattform INFO&NEWS

MÄNNER HABEN GENUG VON EMANZIPATION – Jeder dritte fühlt sich von Frauen überfordert

Karriere machen, sich um die Kinder kümmern und auch noch Aufgaben im Haushalt erledigen: Viele Männer in Deutschland sehen sich einer Umfrage zufolge mit zu vielen Erwartungen konfrontiert. Jeder Dritte fühlt sich überfordert, wie eine Studie im Auftrag der Zeitschrift „Bild der Frau" ergab [...]. 35 % der Männer gaben demnach an, Schwierigkeiten zu haben, die Erwartungen an sie zu erfüllen. Die Untersuchung ergab auch, dass Männer verunsichert sind: 7 % haben das Gefühl, sich gar nicht mehr wie richtige Männer verhalten zu können, weil das nicht akzeptiert würde. Fast zwei Drittel aller Männer (64 %) finden zudem, dass es mit der Gleichberechtigung der Frauen in Deutschland mittlerweile reicht. Ein Teil davon – 28 % – findet sogar, dass übertrieben wird. Trotz allem fühlen sich die meisten Männer wohl in ihrer Haut – Frauen haben es aus ihrer Sicht schwerer im Leben.

(Quelle: o. Verf.: Männer haben genug von Emanzipation. www.welt.de/print/die_welt/article120540666/Maenner-haben-genug-von-Emanzipation.html, Artikel vom 01.10.2013, Zugriff am 05.08.2015.)

Leserbriefe bitte an:
INFO&NEWS,
Redaktion Leserbriefe,
leserbriefe@info&news.de

M5: Hauptverantwortung für die Hausarbeit in Paarhaushalten 2013

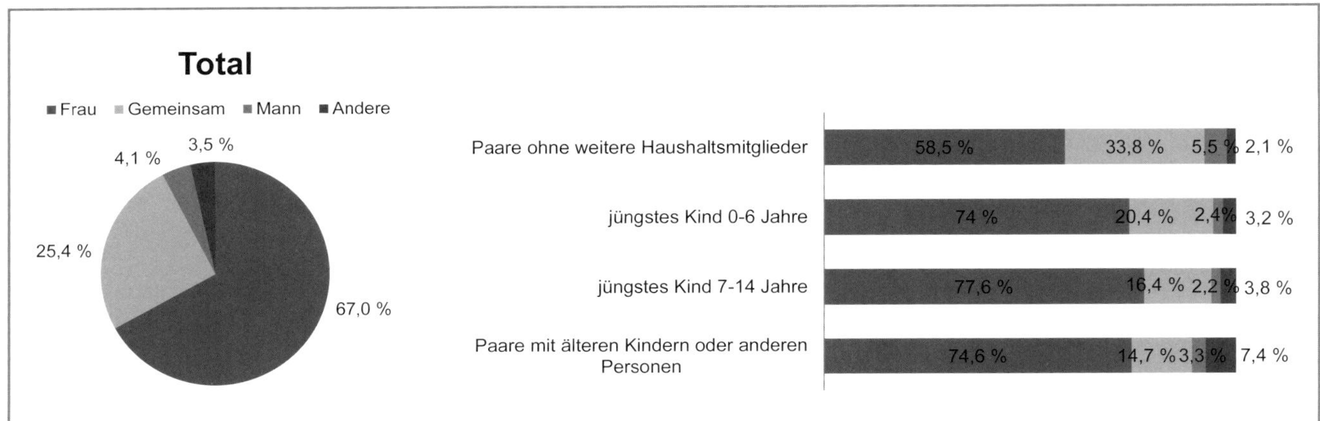

(Datengrundlage: Bundesamt für Statistik)

INFOTEXT FÜR DIE SPORTVEREINSHOMEPAGE:

Doping im Sport

Die Homepage deines Sportvereins wird neu gestaltet. Es ist geplant, darauf unter anderem über das Thema „Doping im Sport" zu informieren. Du hast dich bereit erklärt, dazu einen Informationstext zusammenzustellen. Dafür steht dir die Materialsammlung (M1–M6) zur Verfügung. Lies dir zunächst die Aufgabenstellung und dann die Materialien aufmerksam durch, bevor du mit dem Schreiben beginnst.

Aufgaben:

1. a) Markiere in den Materialien die wichtigsten Infos, die du zum Beantworten der Aufgaben 2b), c) und d) brauchst. Verwende für jede Aufgabe verschiedene Farben:
   Farbe □: Herkunft des Wortes Doping (Aufgabe 2c)
   Farbe □: Definition Doping (Aufgabe 2c)
   Farbe □: Antidopinginitiativen und -gesetze verlogen/wirkungslos: Behauptungen/Begründungen/Belege (Aufgabe 2d)
   Farbe □: Antidopinginitiativen und -gesetze wirkungsvoll: Behauptungen/Begründungen/Belege (Aufgabe 2d)
   Farbe □: Wie kann man mit Doping im Sport weiter umgehen? (Aufgabe 2e)
   b) Beantworte die Aufgaben 2c)–2e) in Stichworten.
   c) Notiere weitere Dinge, die du beim Schreiben deines Infotextes zum Thema Doping beachten willst.

2. Schreibe einen zusammenhängenden Homepage-Artikel mithilfe deiner Vorarbeit aus Aufgabe 1. Gehe dabei so vor:
   a) Gib deinem Infotext eine passende Überschrift und gliedere ihn während des Schreibens durch Absätze und passende (Zwischen-)Überschriften.
   b) Formuliere eine kurze Einleitung, in der du die Homepage-Besucher auf das Thema neugierig machst.
   c) Erkläre in eigenen Worten, woher der Begriff Doping kommt und was man darunter versteht.
   d) In M6 wird behauptet, Antidopinginitiativen und -gesetze seien verlogen und bleiben weitgehend wirkungslos. Nimm unter Verweis auf einen aktuellen Dopingfall Stellung zu dieser Behauptung.
   e) Erläutere am Schluss deines Infotextes, wie man deiner Meinung nach mit Doping im Sport umgehen sollte.
   f) Notiere unterhalb deines Textes die von dir genutzten Materialien.

INFOTEXT FÜR DIE SPORTVEREINSHOMEPAGE:

Doping im Sport

Material

M1: Doping im Sport – eine unendliche Geschichte

[...] Schon in der Antike dopten sich die Sportler, wenngleich auch oft im mythischen Denken behaftet. So sollte zum Beispiel das Herz eines Löwen Kraft verleihen. 1886 kam es beim Radrennen Bordeaux-Paris zu einem ersten bekannten Todesfall. Heroin und Kokain wurden als Dopingmittel benutzt. [...] Auch heute glauben viele, dass sie nur Bestleistungen erbringen können, wenn medizinische Erkenntnisse zur Leistungsmanipulation genutzt werden. In den [1950er-] Jahren dieses Jahrhunderts wurde die muskelbildende Wirkung des männlichen Sexualhormons Testosteron von Hochleistungssportlern für die Verbesserung ihrer Wettkampfchancen entdeckt. Es begünstigt den Aufbau von Muskeln. Die eiweißaufbauende (anabole) Wirkung ist es, die hier benutzt wird. Aber erkauft wird dies mit Nebenwirkungen. Männer beklagen Haarausfall, sie bekommen Brüste oder die Hoden schrumpfen. Sportlerinnen zeigen Vermännlichungserscheinungen, bekommen eine tiefere Stimme oder einen kräftigen Bart- und Körperhaarwuchs. [...]

Anabolika, Wachstumshormone, Blutdoping und [...] EPO haben die Stimulanzien als Hauptdopingmittel verdrängt, aber die Dopingexperten laufen immer wieder den Nachweismöglichkeiten hinterher. Training[s]begleitende Kontrollen sollen den Dopingmissbrauch reduzieren. Seit 1966 werden bei internationalen Sportveranstaltungen Dopingkontrollen durchgeführt. Die Sportverbände geben regelmäßig eine Liste verbotener Substanzen heraus. Doping ist längst zu einem beherrschenden Thema in der internationalen Sportdiskussion geworden.

Doping hat nicht nur Sportler krank gemacht – sondern wohl auch einigen das Leben gekostet. [...] Der deutsche Kugelstoßer Ralf Reichenbach starb 1998 (wahrscheinlich) an den Spätfolgen seines intensiven Anabolika-Dopings [...]. Ein ganz finsteres Kapitel sind die Dopingexperimente mit Kindern in der ehemaligen DDR. Manipuliert wurde im Sport schon immer. Und so ist es nicht verwunderlich, dass auch immer nach neuen Mitteln zur Leistungssteigerung gesucht wird. Nur erwischen lassen darf man sich nicht – das ist die ungeschriebene Maxime, auch wenn die öffentlichen Bekenntnisse für fairen und dopingfreien Sport etwas anderes aussagen. Zwischen dopenden Sportler[n] und Kontrolleur[en] ist denn auch ein ganz besonderer Wettbewerb entstanden, da immer neue Mittel ausprobiert werden und der Nachweis immer schwieriger wird.

Aber auch das gibt es: Sportlerinitiativen gegen Doping und für sauberen Sport. [...] Nur selten bekennen sich Sportler[ ] zu ihrer Dopingvergangenheit wie zum Beispiel der Tennisspieler Mc Enroe oder im Mai 2007 die ehemaligen Telekom-Radrennfahrer.

Anti-Doping-Initiativen versuchen auf die Gefahren des Dopings und die Unfairness der gedopten Sportler/innen hinzuweisen. Inzwischen wird auch auf staatlicher Seite über die Strafbarkeit von Dopingvergehen diskutiert. [...] Aber auch die Freigabe des Dopings steht zur Diskussion. Hauptargument: Beendigung der Verlogenheit und Wiederherstellung der Chancengleichheit. Das Dopingproblem ist aber nicht nur auf den Hochleistungssport beschränkt. 200 000–300 000 Sportler (v. a. im Bodybuildingbereich) sollen nach einer Untersuchung aus dem Jahr 1999 Dopingmittel nehmen, selbst Jugendliche nehmen Dopingmittel.

(Quelle: o. Verf.: Doping – ein Problemaufriss. www.sportunterricht.de/lksport/dopegeschi.html, Zugriff am 05.08.2015.)

M2: Doping und Korruption in der Leichtathletik

[...] Wenn Richard McLaren, Chef der Untersuchungskommission der Welt-Anti-Doping-Agentur Wada zu Doping in der Leichtathletik, über Diack spricht, sagt er: „Dies ist eine ganz neue Dimension der Korruption im Vergleich zur Fifa." [...] Diack, heute 82 Jahre alt, war bis zum Sommer dieses Jahres 15 Jahre lang als Vorsitzender des Weltverbandes IAAF der oberste Funktionär in der Leichtathletik, er gehört seit 1982 dem IOC an, und wenn stimmt, was seit Tagen aus den Ergebnissen der Wada-Kommission durchsickert, dann haben er und seine [Gefolgschaft] die Zeit ausreichend genutzt, um so ziemlich gegen alles zu verstoßen, was man als Werte des Sports bezeichnen könnte. Fairness, Chancengleichheit, Unabhängigkeit – Diack führte diese Worte zwar oft und gerne im Munde, aber handelte dann ganz offenbar nach dem kompletten Gegenteil. [...] Die Liste der Vorwürfe gegen ihn [...] hat mittlerweile eine erkleckliche Länge. In Kurzform lassen sie sich so zusammenfassen: Der IAAF-Boss habe über Jahre ein System der Erpressung installiert, nachdem erwischte Dopingsünder ihren Sport dennoch weitermachen konnten, wenn sie entsprechend zahlten. Im Gegenzug, so heißt es, ließ Diack das Dopingergebnis dann unauffällig verschwinden. So sollen russische Leichtathleten hohe sechsstellige Summen gezahlt haben, um bei Olympischen Spielen oder Weltmeisterschaften trotz positiven Dopingtests an den Start gehen zu können. [...] Wer nicht dazu bereit war, flog auf. [...]

(Quelle: Ahrens, Peter: Doping und Korruption in der Leichtathletik: Ganz tief im Sumpf www.spiegel.de/sport/sonst/leichtathletik-doping-und-korruption-ganz-tief-im-sumpf-a-1061797.html, Artikel vom 09.11.2015, Zugriff am 11.11.2015.)

INFOTEXT FÜR DIE SPORTVEREINSHOMEPAGE:

Doping im Sport

Material

M3: Was ist eigentlich Doping?

Das Wort „Doping" kommt aus dem Englischen (to dope = Drogen verabreichen). Ursprünglich stammt es aus dem Afrikaans, einer vom Niederländischen abgeleiteten südafrikanischen Sprache: Dort wurde bei Dorffeiern „Dop" (starker Schnaps) getrunken. Irgendwann hießen alle starken alkoholischen Getränke „Dop". Aus dem Afrikaans kam das Wort nach England: Doping nannte man laut einem englischen Lexikon von 1889 die Verabreichung von Opium und Medikamenten an Rennpferde. Heute bezeichnet man als Doping die Einnahme oder Anwendung unerlaubter Medikamente zur (sportlichen) Leistungssteigerung. Die Sportverbände haben Doping verboten, weil es eine unfaire Leistungssteigerung bewirkt, die nicht durch Training hervorgerufen wurde.

Auch kann es teilweise schwere gesundheitliche Beeinträchtigungen hervorrufen und zu starker Abhängigkeit führen.
Jedes Jahr wird eine neue Liste verbotener Substanzen herausgegeben. Dopingmittel können im Urin nur für kurze Zeit nachgewiesen werden, was Dopingkontrollen erschwert.
Leistungssteigernde Mittel kommen auch außerhalb des Sports zum Einsatz: Substanzen, die im Sport als Doping gelten, sind in den USA für den militärischen Gebrauch legal. Aufputschmittel zur beruflichen Leistungssteigerung sind auch in Deutschland keine Seltenheit mehr. So verwenden laut Gesundheitsreport 2015 der Deutschen Angestellten-Krankenkasse schätzungsweise bis zu fünf Millionen Beschäftigte zeitweise rezeptpflichtige leistungssteigernde Medikamente.

M4: Sp(r)itzensport

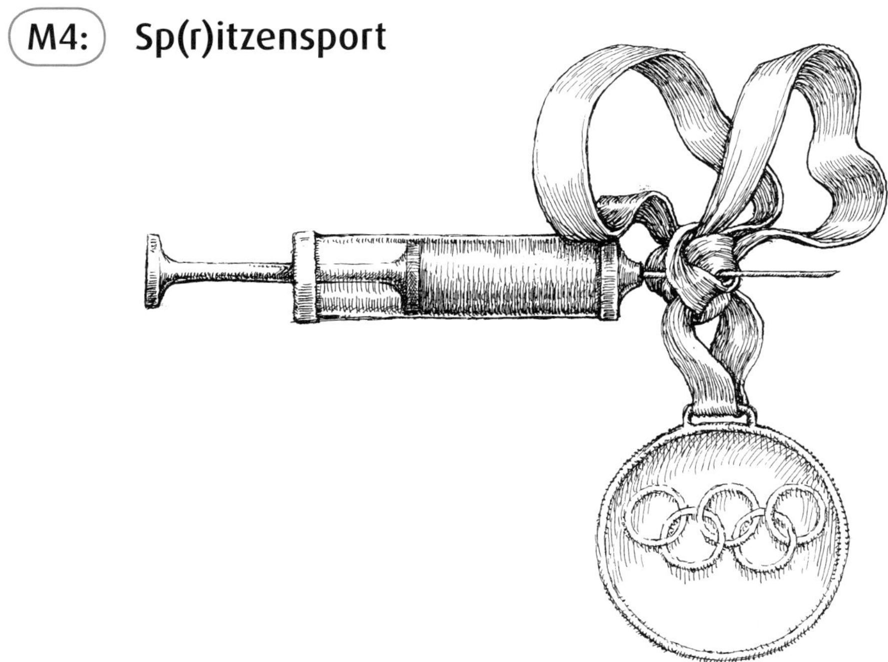

M5: Debatten um Anti-Doping-Gesetz in Deutschland

Geht es nach Bundesjustizminister Heiko Maas, soll es ab 2016 ein Anti-Doping-Gesetz in Deutschland geben. Am kommenden Freitag wird der Gesetzentwurf erstmals im Bundestag diskutiert. Doch Sport und Politik sind sich nicht immer [...] einig.

„Da wird ein neues Kapitel im Anti-Doping-Kampf aufgeschlagen in Deutschland. Bisher hat der Sport das gemacht, über viele Jahre und auch mit vielen Anstrengungen. Aber jetzt hat [...] der Staat gesagt, das ist auch unsere Verantwortung, auch wir wollen etwas tun, wir stellen das unter Strafe. Da wird sich jeder Sportler in Zukunft nochmal mehr überlegen müssen, ob er zu Dopingmitteln greift." Doch so positiv wie Maas sind längst nicht alle. So erklärte DOSB-Präsident Alfons Hörmann, dass deutsche Sportler Sammelklagen gegen das Anti-Doping-Gesetz vorbereiten würden.

(Quelle: Kempe, Robert: Weiterhin Debatten um geplantes Anti-Doping-Gesetz. www.deutschlandfunk.de/doping-weiterhin-debatten-ueber-geplantes-anti-doping-gesetz.890.de.html?dram:article_id=320179, Artikel vom 18.05.2015. Zugriff am 05.08.2015.)

M6: Leserbrief zur Anti-Doping-Debatte

Meiner Meinung nach ist die ganze Anti-Doping-Debatte total verlogen! Fakt ist: In einem weltweit betriebenen Spitzensport ist und bleibt Doping nun einmal in vielen Disziplinen an der Tagesordnung. Wer als Sportverband dauerhaft die offiziellen Anti-Doping-Regeln durchsetzt und Dopingsünder unbarmherzig disqualifiziert, wird letztendlich bestraft. Denn Geld, Publikums- und Medienaufmerksamkeit gibt es schließlich nur, wenn man möglichst viele Medaillen bei internationalen Meisterschaften erlangt. Deswegen sind all diese Anti-Doping-Initiativen und -Gesetze heuchlerisch. Schlimmer noch: Sie werden immer wirkungslos bleiben.

BLOGEINTRAG:

Generationengerechtigkeit

In deinem nächsten Blogeintrag möchtest du deine Meinung zum Thema Generationengerechtigkeit darstellen. Dazu steht dir die Materialsammlung (M1–M4) zur Verfügung. Lies dir zunächst die Aufgabenstellung und dann die Materialien aufmerksam durch, bevor du mit dem Schreiben beginnst.

Aufgaben:

1. Markiere in der Materialsammlung mit drei verschiedenen Farben die Informationen, die du zur Bearbeitung der Aufgaben 2b), c) und d) benötigst.

2. Schreibe einen zusammenhängenden Blogeintrag. Gehe dabei so vor:

   a) Wähle eine passende Überschrift und gliedere deinen Text während des Schreibens durch Absätze und/oder Zwischenüberschriften.

   b) Formuliere eine kurze Einleitung, in der du deine Leser auf das Thema neugierig machst.

   c) Erkläre, was man unter Chancengerechtigkeit, Bedürfnisgerechtigkeit und Leistungsgerechtigkeit versteht.

   d) Erläutere: Was ist Generationengerechtigkeit und wie wird sie hergestellt?

   e) Leben Erwachsene auf Kosten der nachfolgenden Generationen? Stelle deine eigene Meinung zu dem Thema dar und veranschauliche sie mit passenden Belegen.

   f) Notiere unterhalb deines Textes die von dir genutzten Materialien.

BLOGEINTRAG:

Generationengerechtigkeit

M1: Gerechtigkeit – die wichtigsten Antworten

[...] „Glauben Sie, dass es in Deutschland im Großen und Ganzen gerecht zugeht?" Diese Frage stellte die Marktforschungsfirma GfK mehr als 1000 Menschen [...]. Die große Mehrheit, 75 %, antwortete mit Nein. Vor allem in Ostdeutschland sagten viele, dass die Zustände nicht gerecht seien. Wobei wir natürlich nicht wissen, was die Befragten unter Gerechtigkeit verstehen.
Klar ist: Gerechtigkeit herrscht nur, wenn man seine Rechte einfordern kann. Es muss daher Gesetze geben und Menschen oder Behörden, die ihre Einhaltung überwachen. Doch gibt es verschiedene Arten von Gerechtigkeit. Teilweise stehen sie in einem Zielkonflikt: Man kann oft eine Art von Gerechtigkeit nur herstellen, wenn man in anderer Hinsicht Ungerechtigkeiten hinnimmt.
Wenn gewährleistet ist, dass jeder Mensch seine Talente nutzen und aufsteigen kann, spricht man von Chancengerechtigkeit. Auch hierzu hat die GfK gefragt, und zwar: „Glauben Sie, dass Sie persönlich mit Blick auf Ausbildung und Beruf gerechte Startchancen haben bzw. hatten?" Hier zeigt sich eine deutliche [Widersprüchlichkeit]: Viele Menschen, die glauben, dass es in Deutschland nicht gerecht zugeht, sagen zugleich, dass sie selbst durchaus gute Startchancen hatten. Insgesamt sind 52 % dieser Meinung, bei Frauen ist der Anteil etwas geringer als bei den Männern. Auffällig ist, dass Jugendliche ihre Startchancen skeptischer beurteilen, als Erwachsene es im Rückblick tun. Vielleicht liegt das daran, dass Menschen ihre Möglichkeiten unterschätzen.
Bedürfnisgerechtigkeit ist verwirklicht, wenn jeder genügend Mittel zur Verfügung hat, um seine Bedürfnisse befriedigen zu können. Demnach müsste etwa ein Sachbearbeiter, der im Rollstuhl sitzt, mehr Einkommen haben als sein nicht behinderter Vorstandschef – zum Beispiel, weil es Geld kostet, eine Wohnung behindertengerecht auszustatten. [...]
Wer viel und gut arbeitet, soll mehr bekommen als der, der lieber seine Freizeit genießt: Leistungsgerechtigkeit heißt dieses Prinzip. Die Leistungsgerechtigkeit wird geschmälert, wenn der Staat Einkommen durch Steuern und Sozialleistungen umverteilt, um Bedürfnisgerechtigkeit zu erreichen. [...]

Leben die Erwachsenen auf Kosten ihrer Kinder?

In Deutschland gibt es die Rentenkasse. Die berufstätigen Bürger zahlen ein, und dieses Geld wird unter den Rentnern verteilt. Das scheint gerecht, denn die Rentner haben ihrerseits lange gearbeitet und eingezahlt. Aber das geht nur gut, solange Bevölkerungszahl und Sterbealter gleich bleiben. Künftig jedoch müssen immer weniger Junge immer mehr Alte ernähren, [weil die Menschen durchschnittlich länger leben und weniger Kinder bekommen]. Auch die Gesundheitsversorgung im Alter wird teurer. Die Belastung der Jungen durch Abgaben steigt schneller als ihr Einkommen. Hier wälzen die Deutschen

einen ganzen Berg auf ihre Nachkommen ab. Die bald zwei Billionen Euro Staatsschulden kosten jedes Jahr Zinsen. Und dieses Geld wird an anderen Stellen fehlen, zum Beispiel in den Schulen und Kindergärten.
Die heutigen Generationen fahren viel Auto und fliegen viel mit dem Flugzeug. Andererseits forschen sie auch an Umwelttechnologien und haben schon viel verbessert, zum Beispiel durch Filteranlagen den sauren Regen verringert. Doch den Klimawandel werden sie nicht mehr aufhalten. Die Kosten dafür tragen ihre Enkel.

(Quelle: o. Verf.: Kurz erklärt: Gerechtigkeit – die wichtigsten Antworten. www.welt.de/wirtschaft/Gerechtigkeit-Kinderleicht/article4097445/Gerechtigkeit-die-wichtigsten-Antworten.html, Artikel vom 10.07.2009. Zugriff am 05.08.2015.)

M2: Industriestaaten gefährden die Zukunft ihrer Kinder

Die Industrienationen gefährden durch Kinderarmut, Verschuldung und Umweltzerstörung massiv die Zukunft der nächsten Generationen. Das geht aus der Studie der Bertelsmann Stiftung über die Generationengerechtigkeit in 29 OECD*-Staaten hervor. Der Anteil armer Kinder sei oft deutlich höher als der armer Senioren. Deutschland schneidet in diesem Vergleich mittelmäßig ab. [...] Alle OECD-Staaten verbrauchten darüber hinaus mehr Ressourcen**, als die Erde verkraften könne. [...] Die Stiftung sieht großen Handlungsbedarf in allen OECD-Staaten. Für mehr Generationengerechtigkeit sollte mehr Geld in die Bildung der Kinder investiert werden. Umweltbezogene Steuern sollten vermehrt dazu verwendet werden, den [S]taat in Zeiten des demografischen Wandels*** zu stützen.

(Quelle: o.Verf.: Studie zur OECD. Industriestaaten gefährden die Zukunft ihrer Kinder. www.zeit.de/gesellschaft/2013-04/studie-bertelsmann-stiftung-generationen-konflikt, Artikel vom 11.04.2013, Zugriff am 05.08.2015.)

---

* *OECD: Die Organisation für wirtschaftliche Zusammenarbeit und Entwicklung umfasst insgesamt 34 Mitgliedsstaaten, allesamt reiche Industrieländer mit hohem Pro-Kopf-Einkommen.*

** *Ressourcen: (hier) natürlich vorhandene Rohstoffe, die zur Ernährung und Produktion benötigt werden*

*** *demografischer Wandel: Veränderung in der Zusammensetzung der Bevölkerungsanteile, u.a. weil die Sterberate und der Anteil älterer Menschen höher ist als die Geburtenrate*

M3: Generationengerechtigkeit

[...] Zusammenfassend basiert der Begriff der Generationsgerechtigkeit auf drei Ebenen:

a. **Gerechtigkeit zwischen gegenwärtigen und zukünftigen Generationen**
Gemeint ist hier die Gerechtigkeit zwischen Jung und Alt, heutiger und künftiger Generationen, aber auch die Gerechtigkeit zwischen Angehörigen einer gemeinsamen Generation. Bezogen auf Letzteres ist zum Beispiel ein Gleichgewicht zwischen Eltern und Kinderlosen gemeint. [...]

b. **Gerechte Verteilung der Lebenschancen und -qualität**
Generationsgerechtigkeit bedeutet in diesem Kontext die gleichmäßige Verteilung von Lebenschancen, materiellen Ressourcen und Lebensqualität unter den Generationen. Allerdings darf nicht vergessen werden: Die Freiheit jeder Generation ist durch die Verantwortung gegenüber künftigen Generationen begrenzt.

c. **Zukunftsfähigkeit des sozialen Sicherungssystems**
Im sozialen Bereich ist eine generationengerechte Gestaltung des sozialen Sicherungssystems von größter Wichtigkeit. So muss zum Beispiel die gesetzliche Rentenversicherung zukunftsfähig ausgestaltet sein, sodass für das Wohl älterer Generationen gesorgt ist.

(Quelle: o. Verf.: Generationengerechtigkeit. https://www.nachhaltigkeit.info/artikel/generationengerechtigkeit_1829.htm, Zugriff am 05.08.2015)

M4: Die Rente

LESERBRIEF:

Nachdenken über Schönheit

Du möchtest eine Leserbrief-E-Mail an die Online-Redaktion der Zeitschrift „Cindy" schreiben. Darin willst du deine Meinung zu den Fragen „Was ist schön?" und „Wie geht unsere Gesellschaft mit dem Begriff Schönheit um?" darlegen. Dir steht dazu die Materialsammlung (M1–M4) zur Verfügung. Lies dir zunächst die Aufgabenstellung und dann die Materialien aufmerksam durch, bevor du mit dem Schreiben beginnst.

Aufgaben:

1. a) Bilde dir anhand der Materialien eine eigene Meinung zum Thema Schönheit. Notiere deinen Standpunkt in Stichworten.

   b) Markiere die Informationen in den Materialien, die du zur Unterstützung deines Standpunktes brauchst. Benutze dabei verschiedene Farben für Behauptungen, Begründungen und Beispiele/Belege.

2. Erstelle einen Schreibplan. Notiere darin die wichtigsten Teile deines Leserbriefes und vermerke dazu passende Stichworte und Quellen. Beachte auch die formalen Aspekte eines Briefes bzw. einer E-Mail.

3. Schreibe mithilfe deines Schreibplans deine vollständige Leserbrief-E-Mail an leserbriefe@cindy.de. Beachte dabei Folgendes:

   a) Gib deinem Leserbrief eine passende Betreffzeile und gliedere deinen Text während des Schreibens durch Absätze.

   b) Notiere unterhalb deines Textes die von dir genutzten Materialien.

Nachdenken über Schönheit

M1: Die Gesetze der Attraktivität

[...] Schönheit ist leider nicht subjektiv, [...] auf allen Kontinenten, in allen Gesellschaften kommen in etwa die gleichen Ergebnisse heraus. Zumindest, wenn es darum geht, was Menschen an Frauen schön finden. Was die Schönheit der Männer ausmacht, dazu besteht noch Forschungsbedarf. [...]

Als wissenschaftlich erwiesen gilt, dass eine schöne Frau zunächst einmal eine durchschnittliche Frau ist. Das haben die Psychologinnen Judith Langlois und Lori Roggman aus den USA schon 1990 nachgewiesen, indem sie Fotos von Gesichtern digital miteinander mischten, heraus kamen Durchschnittsgesichter, die Testpersonen besonders gut gefielen. [...] Durchschnittlich heißt: die Ohren stehen nicht zu weit ab, nichts im Gesicht ist zu riesig oder winzig klein, es hat keine sichtbaren Makel, keine Warze am Kinn, so etwas. Makellosigkeit deutet auf eine gute Gesundheit hin [...].

Je weiblicher die Züge einer Frau auf Betrachter wirken, umso besser. Große Augen, volle Lippen, eine hohe Stirn. Eine hohe Symmetrie, von Gesicht wie Körper übrigens, scheint ebenso auf die Gesundheit einer Frau zu deuten und deswegen gut anzukommen, wie der Zustand ihrer Haut. Sauber, glatt, gleichmäßig gefärbt sollte sie sein. [...] Männer, egal in welchem Alter sie sind, mit 18 oder 65 also, fühlen sich sexuell am stärksten zu Frauen hingezogen, die Anfang 20 sind. Frauen finden an sich und anderen Frauen meist attraktiv, was Männer an Frauen attraktiv finden. [...] Männer, die als sehr männlich wahrgenommen werden, können attraktiver wirken. Oder weniger attraktiv. Beides ist möglich, und eine Frage, über die Attraktivitätsforscher noch debattieren. In Industrieländern scheinen Frauen gar Männer zu bevorzugen, die femininer als der Durchschnitt wirken. [...] Eine hohe Maskulinität lässt Männer auch aggressiv wirken, ein hartes Kinn lässt auf Eigenschaften schließen, die Frauen nicht mehr zu schätzen wissen. [...]

(Quelle: Hollersen, Wiebke: Die Gesetze der Anziehung zwischen Mann und Frau. www.welt.de/gesundheit/psychologie/article134396956/Die-Gesetze-der-Anziehung-zwischen-Mann-und-Frau.html, Artikel vom 16.11.2014. Zugriff am 05.08.2015.)

M2: Schönheitsideale im Wandel der Zeit

Üppige Frauen, geschminkte Männer, blasse Haut und Silikon in den Brüsten – Schönheitsideale haben sich im Laufe der Jahrhunderte immer wieder verändert. [...] Zum Beispiel galt ein schlanker Körper nicht immer als schön. Vor 25.000 Jahren etwa, in der Altsteinzeit, symbolisierte die Figur der Venus von Willendorf das damalige Schönheitsideal: üppig und fernab der Gardemaße 90–60–90. Vor 3000 Jahren im alten Ägypten galt wiederum die Maxime: Ein schöner Mensch hat möglichst schmal

LESERBRIEF:

Nachdenken über Schönheit

Material

zu sein. Daher gab es schon damals Diäten und Magersüchtige. Und noch einen Trend haben die alten Ägypter vorweggenommen: Ihnen gefielen komplett enthaarte Körper. 2000 Jahre später war Körperbehaarung dann wieder angesagt: Die Assyrer trugen kunstvoll geflochtene Bärte. Wer keinen üppigen Bartwuchs hatte, schnallte sich einfach einen künstlichen Bart um.

Im alten Rom waren blonde Haare sehr begehrt. Mit Urin und ätzenden Flüssigkeiten wurden die Haare gebleicht. Das sollte besonders edel aussehen, und die Menschen so tapfer und willensstark erscheinen lassen wie die wilden, blonden Germanen. In der Renaissance war das Kindchenschema angesagt: große Augen, große Köpfe und eine hohe Stirn. Dafür zupften sich die Damen sogar ihren Haaransatz. Auch Männer schminkten sich in Zeiten der Renaissance, damit der Teint vornehm blass war. Ihre Haare trugen sie blondgelockt und lang – wie die Frauen. In der Zeit des Barock wurden die Leiber wieder fülliger. Ein dicker Po avancierte zum Schönheitsideal. Doch lange hielt der Trend nicht an. Schließlich griffen Frauen zum Korsett* und schnürten sich eine Wespentaille.

In den 1920er Jahren kamen Frauen androgyner** daher: Mit Bubikopf und flachen Brüsten veränderte sich das Erscheinungsbild der Frau in den westlichen Gesellschaften. Ab den 1950er Jahren begannen dann Medien Schönheitsideale zu formen und postulierten Gesichter wie die von Elvis Presley, James Dean, Grace Kelly, Marilyn Monroe, Audrey Hepburn oder Romy Schneider als schön. Zehn Jahre später wurde es besonders schmal um die Hüften und Twiggy eroberte die Modewelt. Männer trugen zu dieser Zeit lange Haare, um gegen das biedere Establishment zu rebellieren. Haarig kamen auch die Achtziger daher, denken wir nur an die Achseln von Sängerin Nena. Eine heute völlig verpönte Mode. Bestehen bleibt jedoch der Trend zum Schlanksein. [...]

Schönheitsideale variieren nicht nur von Kultur zu Kultur, sondern auch innerhalb einer Kultur. Denn einkommensstarke und einkommensschwache Schichten versuchten sich voneinander abzugrenzen, berichtet Schönheitsforscherin Ruck. Aus diesem Grund entwickelt jede Schicht ihre eigenen Schönheitsmerkmale. Während einkommensschwache Schichten ihre Körperarbeit plakativ zeigen – zum Beispiel durch auffällige Fingernägel und künstliche Bräune – geben sich einkommensstärkere Schichten eher natürlich. Wie echt diese Natürlichkeit am Ende ist, ist nebensächlich. Wichtig ist Schlankheit. Sie gilt als Zeichen für Mäßigung.

(Quelle: Annika Erbach: Schönheit http://www.planet-wissen.de/gesellschaft/mode/schoenheit/pwwbschoenheit100.html Artikel vom 12.08.2014, Zugriff am 24.11.2015.)

** Korsett: festes, oft schnürbares Kleidungsstück, das den weiblichen Oberkörper der jeweils aktuellen Mode entsprechend formen soll, zum Beispiel durch die Betonung der Brüste oder Hüften*

*** androgyn: nicht eindeutig als weiblich oder männlich erkennbar*

M3: Schönheitsoperationen in Deutschland

[...] Der Wunsch nach einer oder mehreren zusätzlichen Körbchengrößen dominiert die Statistik, die die Deutsche Gesellschaft für Ästhetisch-Plastische Chirurgie (DGÄPC) vorgelegt hat. Dafür befragte der Verband im ersten Halbjahr 2014 insgesamt 1326 Patienten anonym. [...] Laut der Befragung ließen mit einem Anteil von 18 % die meisten Frauen eine Brustvergrößerung vornehmen – der weitaus größte Teil (15,4 %) mithilfe eines Implantats. 14 % ließen sich die Augenlider straffen, knapp 13 % ihre Gesichtszüge mit Botox glätten. Andere Faltenunterspritzungen wählten 11,6 %.

[...] Seit Jahren legten sich anteilig mehr Männer um der Schönheit willen auf den OP-Tisch. Diese Entwicklung scheint gebremst: Der Anteil der männlichen Patienten ist erstmals wieder leicht gesunken, auf 14,7 % aller Patienten. Von Männern werden Lidstraffungen (18,5 %), Fettabsaugungen (17,4 %) und Botox-Behandlungen (10,8 %) am häufigsten nachgefragt. Nasenkorrekturen hingegen, früher oft nachgefragt, lässt nur noch jeder 20. männliche Patient vornehmen. Wenn auch insgesamt nur auf Platz zehn, so doch zunehmend stärker nachgefragt, sind Intimkorrekturen – vor allem bei Männern (Platz 5).

[...] „Behauptungen, dass ästhetische Behandlungen immer mehr zum Jugendtrend werden, können wir widersprechen. Unsere Patienten werden älter", sagte DGÄPC-Präsident Sven von Saldern bei der Vorstellung der Zahlen. Das Durchschnittsalter der Patienten ist auf knapp 41 Jahre gestiegen.

Erstmals wurden in der Erhebung auch Beweggründe abgefragt: Mehr als drei Viertel der Patienten erhoffen sich durch den Eingriff ein verbessertes Lebensgefühl. Knapp ein Viertel will ein Idealbild erhalten oder herstellen.

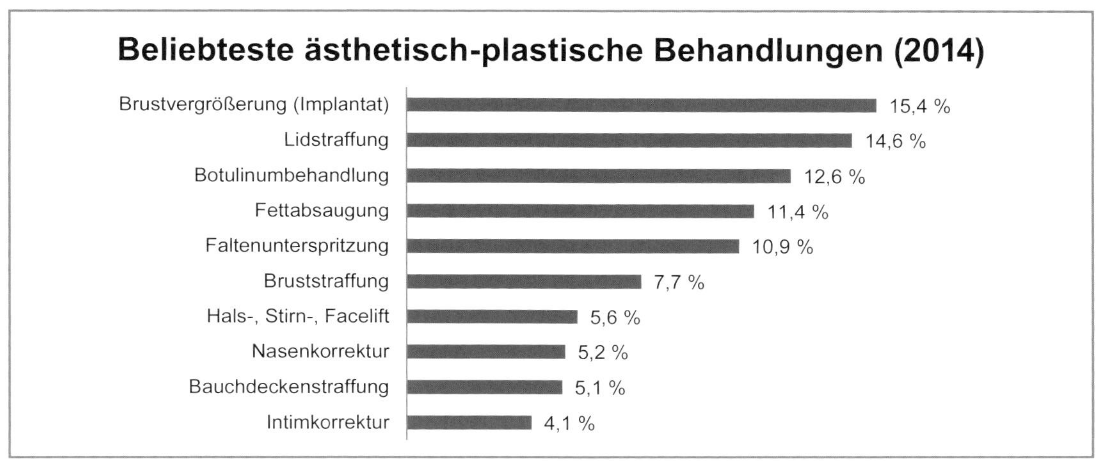

(Quelle: o. Verf.: Schönheitsoperationen in Deutschland. www.sueddeutsche.de/panorama/schoenheitsoperationen-in-deutschland-brustvergroesserungen-am-beliebtesten-1.2144465, Artikel vom 24.09.2014, Zugriff am 05.08.2015.)

M4: Sprüche

Schönheit ist überall ein gar willkommener Gast.
(Johann Wolfgang von Goethe)

Schönheit liegt im Auge des Betrachters.
(Thukydides)

Auch das Schöne muss sterben!
(Friedrich Schiller)

Es gibt nichts Schöneres als geliebt zu werden,
geliebt um seiner selbst willen oder vielmehr trotz seiner selbst.
(Victor Hugo)

Die Kluge freut sich, für schön, die Schöne, für klug gehalten zu werden.
(Selma Lagerlöf)

Tugenden und Mädchen sind am schönsten, ehe sie wissen, dass sie schön sind.
(Ludwig Börne)

Jeder Mensch trägt einen Zauber im Gesicht: Irgendeinem gefällt er.
(Friedrich Hebbel)

Auf den Geist muss man schauen. Denn was nützt ein schöner Körper,
wenn in ihm nicht eine schöne Seele wohnt.
(Euripides)

M5: Gedicht von Robert Gernhardt

Nachdem er durch Metzingen gegangen war

Dich will ich loben, Häßliches,
Du hast so was Verläßliches.
Das Schöne schwindet, scheidet, flieht,
fast tut es weh, wenn man es sieht.
Wer Schönes anschaut, spürt die Zeit,
und Zeit sagt stets: Gleich ist's so weit.
Die Schönheit gibt uns Grund zur Trauer,
die Häßlichkeit erfreut durch Dauer.

*(Quelle: Gernhardt, Robert: Nachdem er durch Metzingen gegangen war.
In: Ders.: Gedichte. 1954–1994. Frankfurt a. M. 1998: S. 283.)*

Allgemeine Hinweise:

Folgende Hinweise gelten für die Beurteilung der Schülerlösungen:

- ✓ Der Text sollte schlüssig und gedanklich klar formuliert werden.
- ✓ Der Satzbau sollte abwechslungsreich gestaltet sein.
- ✓ Die Formulierungen sollten eigenständig und treffend sein.
- ✓ Auf sprachliche Richtigkeit (Rechtschreibung, Zeichensetzung, Grammatik) sollte durchgehend geachtet werden.
- ✓ Bei den Lösungsformulierungen sollte die jeweilige Adressatengruppe und das Informationsziel mit berücksichtigt werden.
- ✓ Dem jeweiligen Schreibziel sollte durch nachvollziehbare und anschaulich-informative Erläuterungen Rechnung getragen werden.
- ✓ Falls erforderlich, sollte der Schüler eine treffende Überschrift für seinen Text finden.
- ✓ Wenn der Schüler selbst Stellung zu einer Aussage nimmt, sollte er zunächst seine eigene Position benennen (Zustimmung, Ablehnung, Abwägung), diese anschließend begründen und Textbelege dafür anführen.

Die im Folgenden dargestellten Lösungshinweise zu den einzelnen Aufgaben sind Fachinformationen und stellen nicht den Anspruch an Schülerformulierungen dar.

Unfallbericht: Ein Unfall mit Sachschaden (S. 5–7)

Zu 1: W-Fragen und Antworten zum Zeitungsbericht

Wer (ist beteiligt)?
- ✓ Linda Köck aus Freiburg (gelber Mazda), 43 Jahre
- ✓ Nadine Berg aus Frankfurt (schwarzer Renault), 18 Jahre
- ✓ Zeugin: Andrea Huber

Wo (passierte es)?
- ✓ Straßburger Straße, Ecke Mülhauser Straße

Wann (ist es passiert)?
- ✓ 16.02.2016
- ✓ gegen 11:00 Uhr

Was (ist passiert)?
- ✓ Unfall mit Sachschaden: beschädigte Kotflügel, Scheinwerfer und Stoßstangen an beiden Autos

Warum (ist es passiert?)?
- ✓ Nadine Berg missachtete die Vorfahrt des Mazda bzw. bemerkte den Mazda zu spät.
- ✓ Linda Köck konnte ebenfalls nicht mehr rechtzeitig bremsen. Sie fuhr recht zügig.

Wie (ist es genau passiert)?
- ✓ Nadine Berg fuhr geradeaus auf der Straßburger Straße.
- ✓ Linda Köck bog von der Mülhauser Straße nach rechts in die Straßburger Straße ab.
- ✓ Nadine Berg fuhr in die linke vordere Seite des Mazda.

Welche Folgen (hatte es)?
- ✓ Beim Zusammenstoß wurden Kotflügel, Scheinwerfer und Stoßstangen beider Autos beschädigt.
- ✓ Beide Fahrerinnen blieben unverletzt.
- ✓ Der Schaden am Mazda beträgt ca. 1 000 Euro.

Zu 2: „Spickzettel“ zu den Anforderungen an die Textsorte Zeitungsbericht

Aufbau:
- ✓ passende, interessante Überschrift, die zum Weiterlesen animiert
- ✓ am Anfang der ersten Zeile: Ort der Nachricht in Großbuchstaben
- ✓ kurze Einleitung (in Zeitung oft fett gedruckt) mit wichtigsten Infos zum Geschehen: in einem Satz die Fragen Wer?, Wo?, Wann? und Was? knapp beantworten
- ✓ im Hauptteil des Berichtes zunächst die Quelle nennen (hier: Polizeibericht, Interview der Zeugin)
- ✓ Es folgen Einzelheiten zum Geschehen: Wer genau war beteiligt? Was genau ist wie, warum und in welcher Reihenfolge (möglichst genaue Angaben, keine Vermutungen) passiert?
- ✓ ggf. weitere Hintergrundinfos zu beteiligten Personen oder zu Zusammenhängen mit anderen Ereignissen
- ✓ zuletzt Folgen des Ereignisses beschreiben

Sprache:
- ✓ Zeitungsbericht schildert bereits vergangenes Ereignis; Zeitform: Präteritum
- ✓ sachlich-informativ: nur wichtige Infos/Fakten erwähnen, keine Mutmaßungen
- ✓ Personen müssen anonym bleiben
- ✓ ganze Sätze
- ✓ abwechslungsreiche Satzanfänge
- ✓ Wortwiederholungen meiden: Synonyme finden (Tipp: Textverarbeitungsprogramm Thesaurus (unter Menüpunkt „Extras“ – „Sprache“) hilft bei Synonymsuche)
- ✓ Rechtschreibung prüfen

Zu 3: Schreibplan

Einleitung	Hauptteil	Schluss
• Ort (Großbuchstaben), Datum (16.02.2016) (M2) • Unfall mit leichtem Blechschaden (M1, M2, M4) • 18-Jährige nahm 43-Jähriger die Vorfahrt (M3, M4)	• Straßburger Straße, Ecke Mülhauser Straße (M1, M2) • Ca. 11:00 Uhr • 18-Jährige missachtete die Vorfahrt des Mazda bzw. bemerkte ihn zu spät. (M1, M2) • Sie fuhr mit einem Renault zügig auf der Straßburger Straße, in welche der Mazda nach rechts abbog. (M1, M2) • Der Renault stieß in die linke vordere Seite des Mazda. (M3)	• Kotflügel, Scheinwerfer und Stoßstangen beider Autos beschädigt (M4) • Fahrerinnen unverletzt (M1, M2) • Mazda: Schaden von ca. 1000 Euro (M1)

Zu 4: Zeitungsbericht
Blechschaden wegen missachteter Vorfahrt

FRANKFURT: Ein Unfall mit Blechschaden ereignete sich laut Polizeibericht am 16.02.2016 in der Straßburger Straße.
Eine 18-Jährige nahm einer 43-Jährigen die Vorfahrt. Die junge Frau fuhr gegen 11 Uhr mit ihrem schwarzen Renault Megane die Straßburger Straße entlang. Sie übersah einen von rechts, aus der Mülhauser Straße, kommenden gelben Mazda und stieß mit dessen vorderer linker Seite zusammen.

Kotflügel, Scheinwerfer und Stoßstangen beider Fahrzeuge wurden dabei beschädigt. Beim Mazda beläuft sich der Sachschaden auf circa 1000 Euro. Beide Fahrerinnen blieben glücklicherweise unverletzt.

Lösungen

Schülerzeitungsartikel: Reportage über Zivilcourage (S. 8–11)

Zu 1: W-Fragen und Antworten zur Reportage:

Was ist Zivilcourage? (M4)
- ✓ „Bürgermut"
- ✓ Eingreifen/Helfen, wenn jemand bedroht, beleidigt oder angegriffen wird
- ✓ für (rassistisch) Benachteiligte/Gemobbte/Schwächere öffentlich Partei ergreifen

Wie verhalte ich mich richtig in Situationen, die Zivilcourage erfordern? (M3)
- ✓ Situation mit allen Sinnen wahrnehmen
- ✓ Situation analysieren: Ist jemand in Not?
- ✓ sich verantwortlich fühlen
- ✓ körperlich nur dann eingreifen, wenn man sich dazu fähig fühlt
- ✓ Opfer helfen statt Täter angreifen
- ✓ Notruf wählen, Kontakt mit Opfer
- ✓ weitere Passanten konkret um Hilfe bitten

Fallbeispiel: Wer (war beteiligt)? (M1)
- ✓ Johnny und Nadine
- ✓ Frau
- ✓ Mann
- ✓ Polizei
- ✓ Passant

Fallbeispiel: Was (ist passiert)? (M1)
- ✓ Johnny und Nadine halfen einer Frau, die von einem Mann auf der Straße beschimpft und körperlich angegriffen wurde.

Fallbeispiel: Wann und wo (ist es passiert?)? (M1)
- ✓ gestern
- ✓ gegen sechs Uhr abends
- ✓ Schusterstraße

Fallbeispiel: Wie (ist es genau passiert)? (M1)
- ✓ Ein Mann attackierte eine Frau auf der Straße (stieß sie vor sich her, schrie sie an, schlug ihr ins Gesicht).
- ✓ Johnny und Nadine forderten ihn auf, er solle damit aufhören.
- ✓ Die Frau suchte Schutz hinter ihrem Rücken.
- ✓ Der Mann bedrohte und beschimpfte die beiden.

Fallbeispiel: Welche Folgen (ergaben sich daraus)? (M1)
- ✓ Nach ca. drei Minuten kam eine Polizeistreife (von Passant mit Handy verständigt).
- ✓ Die Polizisten nahmen alle Personalien auf.
- ✓ Sie nahmen den Mann mit zur Wache.

Zu 2: „Spickzettel" zu den Anforderungen an die Textsorte Reportage

Ziele:
- ✓ informiert durch sachliche Darstellung von Hintergründen und Zusammenhängen
- ✓ berichtet über ein aktuelles Thema
- ✓ trägt zur Meinungsbildung und Unterhaltung der Leser bei
- ✓ stellt ein persönliches Erlebnis dar, mischt also Sachlichkeit und persönliche Sichtweise (tatsachenorientierter Erlebnisbericht)

Mögliche Bestandteile:
- ✓ Berichtteile
- ✓ Interviewteile und Zitate
- ✓ Fragen an den Leser

Aufbau:
- ✓ Einstieg führt Leser direkt ins Geschehen (zum Beispiel durch Schilderung einer erlebten Szene, durch wörtliche Rede oder durch ein passendes Zitat)
- ✓ wichtige Infos nicht wie bei einem Bericht am Anfang nennen, sondern über den Hauptteil verteilen
- ✓ Schluss rundet den Text ab und regt zum Nachdenken an (durch Zitat, Frage, Pointe o. Ä.)

Sprache und Form:

✓ passende, treffende Überschrift(en)
✓ Faustregel: ein Gedanke – ein Absatz
✓ Beschreibungen: Adjektive, schmückende Beiwörter, Vergleiche, Metaphern etc.
✓ Fremdwörter und Fachausdrücke erklären
✓ präzise Ort- und Zeitangaben
✓ direkte Rede, Zitate
✓ Perspektivenwechsel: Situationsbeschreibung – Hintergründe
✓ Tempuswechsel: Präteritum für Handlungsdarstellung, Präsens für Hintergründe/Definitionen, Futur für Prognosen

Zu 3: Reportage

a) individuelle Schülerlösung

b) **Interessanter Einstieg:** Drei bis vier Sätze, die zum Thema hinführen und neugierig machen. Dafür eignen sich auch Auszüge aus dem Gedicht von Erich Fried (M2) bzw. Paraphrasen daraus.

c) Hierfür dienen die Stichpunkte aus Aufgabe 1 als Grundlage.

d) **und e):** Individuelle Schülerlösung unter Berücksichtigung der oben dargestellten Aspekte.

Reklamationsschreiben: Beschädigte Lieferung (S. 12–16)

Zu 1: „Spickzettel" zum Aufbau eines Reklamationsschreibens

Form:

- ✓ am Computer geschrieben
- ✓ Briefkopf: Absender- und Empfängerdaten, Datum, aussagekräftige Betreffzeile (fettgedruckt)
- ✓ Brieftext: Einleitung, Hauptteil und Schluss durch Absätze getrennt
- ✓ Anrede „Sie" immer großschreiben
- ✓ persönliche Unterschrift, Anlagen (Foto vom Riss im Zeltboden, Kopie der Rechnung)
- ✓ per Einschreiben schicken

Inhalt/Sprache:

- ✓ sachlich-neutrale Sprache, förmlich-höfliche Wortwahl, eindeutige Formulierungen/Zeitangaben
- ✓ Einleitung: Anlass/Situation beschreiben
- ✓ Hauptteil: Argumentation (Behauptung – Begründung – Beleg)
- ✓ Schluss: konkreter Appell an Briefempfänger

Zu 3: Schreibplan:

Briefkopf	**Brieftext: Einleitung**	**Brieftext: Hauptteil**	**Brieftext: Schluss**	**Briefschluss**
• Absenderangaben: Jugendverein Wormsdorf, Frau Karima Ballin, Am Knock 98, 44365 Wormsdorf (M3) • Telefon: 0123 4567 E-Mail: ballin@jugend-verein-wormsdorf.de (M5) • Empfängerdaten: MAIBERG Zelte, Friedrich-Ebert-Str. 37, 8436 Stralsund (M3/M5) • Betreff (fett): Reklamation der Warensendung (Re.-Nr. 54567) (M5) • Datum rechts neben Absender (M5)	• Anrede: Sehr geehrte Frau Maiberg, (M3/M5) • Dank für Warensendung vom 29.04.2016 (M3)	• Zwei der gelieferten Zelte sind fehlerhaft (M2) • Freizeitzelt rot: 10 cm großer Riss in Zeltboden (M2/M3) • Freizeitzelt blau: 3 statt der in Rechnung ausgewiesenen 4 Kammern – Verweis auf Anlage (M2/M3)	• Rücksendung der beiden fehlerhaften Zelte und Bitte um entsprechenden Ersatz bis spätestens 30.05.2016 (M4/M5)	• Dank, Grußformel, Unterschrift

Zu 4: Reklamationsschreiben

Jugendverein Wormsdorf
Frau Karima Ballin
Am Knock 98
44365 Wormsdorf
ballin@jugendverein-wormsdorf.de
Tel.: 0123 4567

Jugendverein Wormsdorf • Am Knock 98 • 44365 Wormsdorf

MAIBERG Zelte
Frau Christa Maiberg
Friedrich-Ebert-Str. 37
8436 Stralsund

07.05.2016

Reklamation der Warensendung (Re.-Nr. 54567)

Sehr geehrte Frau Maiberg,

vielen Dank für Ihre Warensendung vom 29.04.2016.
Bei Erhalt der Zelte musste ich leider feststellen, dass zwei der gelieferten Zelte Mängel aufweisen. Eines der vier gelieferten Freizeitzelte rot weist im Zeltboden einen ca. zehn Zentimeter langen Riss auf. Außerdem sind für das blaue Freizeitzelt, das in Ihrem Prospekt und laut Rechnung vier Einhängekammern beinhalten sollte, nur drei Kammern vorgesehen.

Ich schicke Ihnen daher die beiden beanstandeten Zelte auf Ihre Kosten zurück und bitte Sie um entsprechenden Ersatz laut Bestellung bis spätestens 30.05.2016.

Besten Dank und mit freundlichen Grüßen

Karima Ballin

Anlagen:
Foto vom Riss im Zeltboden,
Kopie der Rechnung

Bewerbungsanschreiben: Schülerpraktikum im Tierheim (S. 17–21)

Zu 1: „Spickzettel" zum Aufbau eines Bewerbungsanschreibens

Form:

✓ Absender, Empfänger (Ansprechpartner herausfinden), Datum, Betreff (fett), Anrede (in Brieftext groß), Brieftext, Grußformel, Unterschrift, Anlagen (fett)

✓ am Computer geschrieben

Inhalt:

✓ Einleitung: Wie bin ich auf die Stelle aufmerksam geworden?

✓ Hauptteil: Warum bin ich geeignet? (Soll-Ist-Abgleich, Schlüsselqualifikationen belegen)

✓ Schluss: Bitte um ein Vorstellungsgespräch

Sprache:

✓ keine langweiligen Floskeln

✓ auf Wunschstelle zugeschnitten

✓ keine Rechtschreibfehler

Zu 3: Schreibplan

Briefkopf	Brieftext: Einleitung	Brieftext: Hauptteil	Brieftext: Schluss	Briefschluss
• Absenderangaben: Amira Stabel, Mostbergstr. 4, 97423 Woblingen Telefon: 0954 4533; E-Mail: stabel@net.de (Musterlösung) • Empfängerdaten: Tierheim Buchinger, Am Steinweg 65, 97856 Untersteinach (M1) • Betreff (fett): Bewerbung für ein dreiwöchiges Praktikum im August 2016 (M1/M3) • Datum rechts neben Absender	• Anrede: Sehr geehrter Herr Buchinger, (M1) • Bezugnahme: Stellenanzeige im Untersteinacher Tagblatt vom 02.05.2016 (M1) • Begründung des Interesses an der Stelle	• Angabe des möglichen Zeitraums (M3) • Berufswunsch: Arbeit mit Tieren (M3) • Erfahrung mit Haustieren (Katzen, Reitverein, Hundesitterin belegen (M3) • Private Arbeitskleidung vorhanden (M1) • Frei von Krankheiten/Allergien (M1)	• Bitte um Einladung zum Vorstellungsgespräch	• Danke, Grußformel, Unterschrift • Anlagen (fett)

Zu 4: Bewerbungsanschreiben

Amira Stabel
Mostbergstr. 4
97423 Woblingen
Tel.: 0954 4533
E-Mail: stabel@net.de

Tierheim Buchinger
Herr Marcel Buchinger
Am Steinweg 65
97856 Untersteinach

Woblingen, 03.05.2016

Bewerbung um einen dreiwöchigen Praktikumsplatz ab August 2016

Sehr geehrter Herr Buchinger,

laut Ihrer Anzeige im Untersteinacher Tagblatt vom 02.05.2016 vergibt das Tierheim Buchinger ganzjährig Praktikumsplätze. Ich würde sehr gern in den Sommerferien ein dreiwöchiges Praktikum in Ihrem Tierheim absolvieren. Schon seit meiner Kindheit habe ich großes Interesse und viel Freude an Haustieren und würde auch gern beruflich mit Tieren arbeiten, zum Beispiel als Tierpflegerin in einem Tierheim oder Zoo.
Zurzeit besuche ich die 9. Klasse der Realschule Steeßen. Mein Praktikum würde ich gern in den Sommerferien absolvieren, ich könnte also im Zeitraum vom 1. August bis zum 12. September bei Ihnen arbeiten.

Von frühester Kindheit an bin ich mit Katzen aufgewachsen. So bin ich es gewohnt, mit Tieren verantwortungsvoll umzugehen. Seit meinem zehnten Lebensjahr bin ich Mitglied des Reitvereins Helvetia. Letztes Jahr arbeitete ich in den Pfingstferien als Hundesitterin, was mir ebenfalls viel Freude bereitet hat.

Ich freue mich darauf, mehr über den Umgang mit Kleintieren und vor allem über die Arbeit in der Tierarztpraxis zu erfahren. Ich bin überzeugt, dass der Umgang mit den unterschiedlichsten Tieren und als Teil eines engagierten Teams mir sehr viel Freude machen würde. Entsprechende Arbeitskleidung habe ich zu Hause und würde sie selbstverständlich mitbringen.

Gern stelle ich mich Ihnen persönlich vor. Da ich dienstags und freitags nachmittags schulfrei habe, wäre es schön, wenn ich an einem dieser Nachmittage bei Ihnen vorbeikommen könnte.

Mit freundlichen Grüßen
Amira Stabel

Anlagen:
Lebenslauf mit Foto, Kopie des letzten Zwischenzeugnisses

Blogeintrag: Eltern heute – moderne Familienbilder (S. 22–25)

Zu 1: Wichtige Informationen aus der Materialsammlung (Stichpunkte)

Was zeichnet Eltern/moderne Familien heute aus?

✓ Die Zahl der erwerbstätigen Mütter steigt (2013: 61 %–1996: 55 %). (M1)

✓ Erwerbstätigkeit ist abhängig vom Alter der Kinder. (M1)

✓ Die berufliche Unabhängigkeit der Frau ist Frauen, aber auch Männern wichtig und wird als Zufriedenheitsfaktor gewertet. (M4)

✓ Frauen mit (Ehe-)Partner sind häufiger berufstätig als Alleinerziehende. (M1)

✓ Ehefrauen arbeiten meist Teilzeit (2013: 75 %). (M1)

✓ Die Vereinbarkeit von Elternrolle und Beruf sowie eigenen Bedürfnissen/Ansprüchen wird oft als schwierig und anstrengend empfunden. Grund dafür sind aber auch gestiegene Ansprüche der Eltern an sich selbst. (M2)

✓ Vater und Mutter fühlen sich oft gleichermaßen für die Erziehung verantwortlich. Der moderne Vater hat seine Rolle als Alleinernährer und Oberhaupt der Familie weitestgehend eingebüßt. (M2/M4)

✓ Unterschiedliche Interpretation: Mütter glauben, dass vor allem sie heute mehr leisten (müssen) – Väter glauben, dass beide Elternteile mehr leisten (müssen). (M2)

✓ Immer mehr Menschen sind heutzutage der Meinung, auch als Vater sollte man beruflich kürzertreten. (M4)

✓ Am wichtigsten ist Eltern die Vermittlung von Geborgenheit (77 %), Vorbildfunktion (70 %) und Hilfe in der Schule (fast 50 %). (M2)

✓ Als entlastend empfänden manche Eltern mehr Geld vom Staat (doch ein Viertel der Befragten hält davon nichts) und mehr Zeit für sich oder den Partner. (M2)

✓ Genügend finanzielle Mittel sehen 80 % der West- und 75% der Ostdeutschen als Voraussetzung für eine Elternschaft. (M4)

✓ Es gibt heute viel mehr Patchwork- und Scheidungsfamilien. (M3)

✓ Heirat ist heutzutage keine Voraussetzung mehr für eine Elternschaft. (M3)

Wie sieht mein Ideal eines modernen Vaters/einer modernen Mutter aus?
individuelle Schülerlösung
(Behauptung – Begründung – Beleg)

Zu 2: Blogeintrag

a) individuelle Schülerlösung

b) **Interessanter Einstieg:** Drei bis vier Sätze, die zum Thema hinführen und neugierig machen. Dabei könnte auf ein aktuelles Fallbeispiel (beispielsweise eine Patchworkfamilie) verwiesen oder Familienideale von vor 100 Jahren beschrieben werden.

c) Als Grundlage hierfür dienen die in Aufgabe 1 stichwortartig zusammengefassten Ergebnisse.

d) – f): individuelle Schülerlösung
(Bei der Argumentation sollten Behauptungen begründet und durch Fallbeispiele veranschaulicht werden.)

Wandzeitungs-Infotext: Gewaltfreie Erziehung (S. 26–29)

Zu 1: Gründe für Gewalt in der Erziehung (Stichpunkte):

Eltern schlagen ihre Kinder, ...

✓ weil sie Stress haben und überfordert sind.
✓ weil sie es selbst als Kinder so erlebt haben.
✓ weil sie die Kinder dadurch von „unangemessenem" Verhalten abhalten wollen.

Schläge sind kein sinnvolles Erziehungsmittel, ...

✓ weil sie die kindliche Psyche und den Körper schädigen.
✓ weil Kinder sich dann nicht mehr bei ihren Eltern sicher und geborgen fühlen.
✓ weil Kinder dadurch erniedrigt werden und ihr Selbstvertrauen/ihre innere Sicherheit verlieren.
✓ weil Kinder dadurch selbst gewalttätig werden können, zum Beispiel gegenüber Spielkameraden und später gegenüber den eigenen Kindern.
✓ weil manche Kinder sich daraufhin zurückziehen oder dazu neigen, sich selbst zu verletzen. (M1 und M4)

Zu 2: Infotext

a) individuelle Schülerlösung

b) **Interessanter Einstieg:** Drei bis vier Sätze, die zum Thema hinführen und neugierig machen. Dabei könnte beispielsweise auf frühere Erziehungsmethoden eingegangen werden.

c) Artikel 6 und 8 der UN-Kinderrechtskonvention besagen, dass Kinder das Recht auf Schutz vor Gewalt, Missbrauch und Ausbeutung haben. Auch im BGB wird in Paragraf 1631, Absatz 2, festgehalten, dass Kinder das Recht auf eine gewaltfreie Erziehung haben und dass körperliche Strafen und seelische Verletzungen sowie andere entwürdigende Maßnahmen unzulässig sind. (M2)

d) **Aktuelle Umfrageergebnisse zur Gewalt in der Erziehung:**
   ✓ 54 % der Befragten greifen zu leichten körperlichen Strafen (Klaps auf Po), in einer weiteren Umfrage halten drei Viertel der Befragten diese für legitim.
   ✓ 17 % setzen Prügelstrafen ein; die meisten Eltern halten diese jedoch für ein inakzeptables Erziehungsmittel. (M3)

e) Schläge in der Erziehung – warum sie schlecht sind: siehe Lösungen zu Aufgabe 1.

So gelingt Ihnen die gewaltfreie Erziehung: Individuelle Schülerlösung. Mögliche Argumente:

✓ Verhalten Sie sich Ihrem Kind gegenüber liebenswürdig und konsequent. Denn wenn es sich in seiner Individualität von Ihnen wertgeschätzt fühlt, möchte es Ihnen auch gefallen und vertraut Ihnen. Es wird umso lieber das tun, was Sie für richtig halten.
✓ Erklären Sie Ihrem Kind, weshalb manche Regeln sinnvoll sind. Denn so kann es diese nachvollziehen und wird sich eher danach richten.
✓ Stellen Sie für das Kind bzw. gemeinsam mit dem Kind eindeutige und klare Verhaltensregeln auf, die für die ganze Familie gelten. Verdeutlichen Sie dem Kind die Konsequenzen bei Missachtung der Regeln. Achten Sie im Alltag darauf, dass die Regeln von allen eingehalten werden und bei Nichteinhaltung die entsprechenden Konsequenzen folgen. (Beispiel/Beleg anführen)

Lösungen

Schülerzeitungsartikel: Medien im Wandel der Zeit (S. 30–33)

Zu 2: Schülerzeitungsartikel:

a) individuelle Schülerlösung

b) **Interessanter Einstieg:** Drei bis vier Sätze, die zum Thema hinführen und neugierig machen. Hierfür kann auch die Karikatur M3 Anregungen liefern.

c) **Bedeutung des Buches für die kulturelle Entwicklung der Menschheit:**
- ✓ Bevor es Bücher gab, waren Informationen nur sehr schwer zu erlangen.
- ✓ Gutenbergs Erfindung des Buchdrucks ermöglichte eine schnelle und fehlerfreie Vervielfältigung.
- ✓ Der Zugang zu Wissen blieb zunächst einer reichen geistigen Elite vorbehalten, da Bücher teuer waren und viele Menschen nicht lesen konnten.
- ✓ Durch den Rotationsdruck konnten später Bücher und Zeitungen in großer Auflage hergestellt werden.
- ✓ Das Buch ist bis heute der wichtigste Informationsträger und Wissensspeicher, da es leicht verfügbar, preiswert und überall einsetzbar ist.
- ✓ Printmedien waren eine Voraussetzung für Demokratie: Sie ermöglichten offenen Meinungsaustausch/Mitsprache, Versorgung mit aktuellen Informationen und Hintergrundwissen. (M1)

d) **Die wichtigsten Umfrageergebnisse zum Thema Mediennutzung seit 1970:**
- ✓ Die Mediennutzungsdauer nahm bei Fernsehen und Hörfunk seit 1970 zu, Tageszeitungen hingegen wurden in den 1980er-Jahren am meisten gelesen.
- ✓ Das Internet hat sich seit seiner Einführung im Jahr 2000 rasant verbreitet und ist vor allem bei „digital Natives" das Hauptnutzungsmedium, das ihnen Fernsehen, Hörfunk und Printmedien ersetzt.
- ✓ In der Gesamtbevölkerung wurde 2014 laut einer Umfrage nach wie vor am meisten ferngesehen (240 Minuten täglich), das am zweithäufigsten genutzte Medium ist das Radio mit 192 Minuten täglich und darauf folgt erst das Internet mit 111 Minuten täglich. Zeitschriften waren bei allen Altersgruppen die am wenigsten genutzten Medien.
- ✓ Je nach Alter werden Medien unterschiedlich häufig genutzt. Am internetaffinsten und musikbegeistertsten ist die Gruppe der 14- bis 29-Jährigen, während die über 50-Jährigen das Medium halb so häufig nutzen, dafür aber am meisten Zeit (fast fünf Stunden täglich!) vor dem Fernseher verbringen. Die meiste Zeit mit Lesen, nämlich im Schnitt eine halbe Stunde, verbringen ebenfalls die 14- bis 29-Jährigen. (M2, M4, M5)

e) „Web 2.0" oder „Social Media" nennt man Nutzungsformen im Internet, die dem Erfahrungs- oder Meinungsaustausch dienen und bei denen Nutzer die Inhalte (Fotos, Videos, Textbeiträge) selbst produzieren und in entsprechenden Portalen, Foren oder Weblogs verbreiten.

Vorteile von Online-Medien:
- ✓ Demokratisierungstendenz: Jeder kann Inhalte/Nachrichten produzieren und konsumieren.
- ✓ Informationen sind schnell und oft kostenlos für fast alle zugänglich.
- ✓ Die Informationsmenge nimmt zu: schnellere Verbreitung von (auch kritischen bzw. „geheimen") Informationen (zum Beispiel WikiLeaks).

Nachteile von Online-Medien:
- ✓ größerer Druck auf Medienverantwortliche: Zwang zu Schnelligkeit, Attraktivität, Exklusivität.
- ✓ mehr Personal/(finanzielle) Ressourcen sind für Qualitätsjournalismus nötig.
- ✓ Lobbyismus und als „objektive Berichterstattung" getarnte PR-Meldungen sind möglich.
- ✓ weniger Medienvielfalt und -unabhängigkeit (M4)

Leserbrief: Computerspiele (S. 34–38)

Zu 2: Argumente:

Pro Computerspiele:

- ✓ Computerspiele bieten Verdienstmöglichkeiten (eSport). (M1)
- ✓ Ego-Shooter verbessern das Reaktionsvermögen. (M1)
- ✓ Rollenspiele fördern soziale Kompetenzen/ Kooperationsfähigkeit/Teamfähigkeit. (M1/M4)
- ✓ Die 2014 am häufigsten gespielten Denk-/Strategiespiele verbessern kognitive Leistungen und die Fähigkeit zur Planung, Entwicklung und Umsetzung von Ideen/Projekten. (M1/M3)
- ✓ PC-Spiele sind ein universelles Leitmedium des 21. Jahrhunderts quer durch alle Schichten und Altersgruppen.
- ✓ Computerspiele fördern Wettbewerbscharakter und Ehrgeiz. (M4)
- ✓ Games sind ein Medium, um Geschichten zu erzählen und andere „Welten" zu erschaffen. (M4)
- ✓ Bewegungs- und Sportspiele bieten sportliche Betätigung. (M3)

Kontra Computerspiele:

- ✓ Suchtgefahr, insbesondere bei Online-Rollenspielen und Ego-Shootern (vor allem männliche Jugendliche sind gefährdet). (M2)
- ✓ WoW-Computerspieler erbringen, unabhängig von Schulform/Sozialisation/Charakter des Spielers, signifikant schlechtere Schulleistungen. (M2)
- ✓ Sie vermitteln dem Spieler die fragwürdige Botschaft, dass er alles erreichen kann. (M3)

Zu 3: Schreibplan:

Briefkopf	Brieftext: Einleitung	Brieftext: Hauptteil	Brieftext: Schluss	Briefschluss
• Absenderangaben: Vorname Nachname, Musterstraße 1, PLZ Ort • Telefon: 0123 43432, E-Mail: name@net.de • Empfängerdaten: COMPUTER HEUTE, Redaktion Leserbriefe, Am Backenberg 317, 02345 Ollendorf (M1) • Betreff (fett): Leserbrief zu Roman Herbigs Leserartikel „Eltern, spielt mehr Computer!" vom 12.12.12 (M1) • Datum rechts neben Absender	• Anrede: Sehr geehrte Damen und Herren, • Bezug zu Roman Herbigs Leserartikel „Eltern, spielt mehr Computer!", veröffentlicht in COMPUTER HEUTE (M1)	Stellungnahme zur Hauptargumentation des Leserartikels M1: • Behauptung: Eltern sind uninformiert und voreingenommen beim Thema Computerspiele • Begründung: Über andere Hobbys ihrer Kinder (zum Beispiel Sport oder Musik) sind Eltern weitaus besser informiert, weil diese in ihren Augen „wertvoller" erscheinen • Eigene Argumente, die Herbigs Hauptthese stützen oder widerlegen (siehe Lösungen zu Aufgabe 2)	• Persönliches Fazit (Behauptung – Begründung – Beleg/ Beispiel) • Appell (an Eltern, Gesetzgeber etc.)	• Grußformel, Unterschrift

Zu 4: Leserbrief

Individuelle Schülerlösung unter Berücksichtigung der oben dargestellten Aspekte.

Infotext für die Schulhomepage: Erneuerbare Energien (S. 39–42)

Zu 2: Infotext

a) individuelle Schülerlösung

b) Unter erneuerbaren Energien versteht man Energieträger, die (im Gegensatz zu fossilen Energiequellen) nahezu unbegrenzt zur Verfügung stehen oder eine vergleichsweise kurze Regenerationsphase haben. Mithilfe erneuerbarer Energien soll die Energiewende, also der Übergang zu einer nachhaltigen Energieversorgung durch Erdwärme, Wasserkraft, Meeres-, Sonnen-, Wind- und Bioenergie vollzogen werden. (M1)

c) Die Suche nach erneuerbaren Energiequellen ist heutzutage besonders wichtig und aktuell, weil die fossilen Brennstoffe Kohle und Erdöl, mit denen 2014 noch mehr als die Hälfte des Stroms in Deutschland produziert wurde, langsam zur Neige gehen. Außerdem leiden weltweit immer mehr Menschen unter den negativen Auswirkungen des Klimawandels, die sich durch Gletscherschmelzen und Wetterextreme (Dürre- und Hitzeperioden, Starkniederschläge und Hochwasserereignisse, Stürme und Sturmfluten) unangenehm bemerkbar machen. Insofern steigt bei Privatpersonen, Politikern und Unternehmen der Druck, nicht nur möglichst energiesparend zu leben bzw. Güter zu produzieren, sondern diese auch möglichst umwelt- und klimafreundlich herzustellen. (M1/M2/M3)

d) **Vorteile von Windenergie:**
- ✓ umweltfreundliche Form der Energiegewinnung
- ✓ Wind ist ein billiger, massenhaft vorhandener und sauberer erneuerbarer Rohstoff
- ✓ kein Import aus anderen Ländern nötig
- ✓ platzsparend

Nachteile von Windenergie:
- ✓ nicht in jeder Region ausreichend vorhanden
- ✓ abhängig von der Wetterlage
- ✓ nicht speicherbar
- ✓ lästige Geräusche – Mindestabstand zu Wohnanlagen erforderlich
- ✓ beeinträchtigen Landschaftsbild und Erholungswert von Naturlandschaften

(M1 und eigene Ideen)

e) **Folgende Energiesparmaßnahmen könnten in der Schule durchgeführt und entsprechend im Homepage-Artikel angekündigt werden:**
- ✓ Thermostat-Überprüfung: Kann die Temperatur in den Klassenräumen evtl. um ein oder zwei Grad niedriger gestellt werden?
- ✓ Elektronische Medien (Beamer/OHP/CD-Player/TV) nicht im Standby-Modus laufen lassen, sondern bei Nichtgebrauch ganz ausschalten!
- ✓ Ordnungsdienst einführen: Licht aus nach Verlassen der Klassenräume!
- ✓ Schule und Schüler sollten ab sofort nur Recyclingpapier verwenden!
- ✓ In der Oberstufe Bildung von Fahrgemeinschaften anregen!
- ✓ Bioprodukte und regionale Produkte im Pausenverkauf anbieten!

(M4)

Schülerzeitungsartikel: Die Bedeutung des Schlafes (S. 43–47)

Zu 2: Schülerzeitungsartikel

a) individuelle Schülerlösung

b) Für den Menschen ist es sehr wichtig, ausreichend Schlaf zu bekommen, weil das Gehirn dabei das tagsüber Gelernte und Erlebte verarbeiten und abspeichern kann. Beim Schlafen regeneriert sich außerdem der Körper (Wundheilung, Wachstum, Erhaltung und Reparatur unserer Organe). Bekommt man zu wenig Schlaf, kann das zu gesundheitlichen Störungen (Gewichtszunahme, Beschleunigung des Alterungsprozesses, größere Infektionsanfälligkeit, Entzündungen, Kopfschmerzen, Bluthochdruck, Magen-Darm-Störungen, Diabetes) und psychischen Störungen (Konzentrationsstörungen, schlechte Laune, depressiv-aggressive Verstimmungen, Angstzustände, Psychosen) führen. (M1/M2)

c) Je nach Alter und abhängig von den körperlich-psychischen Umbauprozessen, die ein Mensch im Laufe seines Lebens durchläuft, ändert sich auch sein Schlafbedarf. Ein Säugling braucht besonders viel Schlaf (circa 16 Stunden), ein 4-Jähriger schon 5 bis 6 Stunden weniger, ein 10-Jähriger braucht nur noch 8 bis 10 Stunden Schlaf. Je älter Erwachsene werden, mit desto weniger Schlaf kommen sie aus. So kommt ein 70-Jähriger mit 5 bis 6 Stunden Schlaf aus, das ist halb so viel, wie ein Kleinkind benötigt. (M3)

d) Individuelle Schülerlösung, bei der die Leser persönlich angesprochen werden sollten:
Das könnt ihr tun für einen erholsamen Nachtschlaf:
   - ✓ Geht möglichst immer um die gleiche Zeit ins Bett, auch am Wochenende!
   - ✓ Sorgt dafür, dass ...
     (M4)

Leserbrief: Gleichberechtigung und Rechte der Frauen (S. 48–52)

Zu 2: Wichtige Informationen aus der Materialsammlung (Stichpunkte):

Schritte auf dem Weg zur Gleichberechtigung/ Durchsetzung in Deutschland heutzutage:

- ✓ Mädchenpensionate seit ca. 1820
- ✓ Gymnasialkurse für Mädchen seit 1893
- ✓ Universitätsstudium für Frauen in Deutschland seit 1909
- ✓ Gleichberechtigung der Geschlechter seit 1949 im Grundgesetz verankert
- ✓ größere Unabhängigkeit in der Lebens- und Familienplanung für Frauen durch die Anti-Baby-Pille seit 1960
- ✓ Reformierung des Ehe- und Familienrechts; Reformen zur Vereinbarkeit von Mutterschaft und Berufstätigkeit 1977
- ✓ Durchsetzung der tatsächliche Gleichberechtigung von Mann und Frau wird 1993 als Ziel im Grundgesetz festgeschrieben
- ✓ Vergewaltigung in der Ehe seit 1997 strafbar
- ✓ Recht auf Gleichbehandlung in Schule und Beruf (Abbau der Lohndiskriminierung von Frauen) ist heute noch nicht erreicht: Frauen arbeiten häufiger im Niedriglohnsektor und in Teilzeit, da sie im Schnitt stärker durch Hausarbeit, Pflege von Angehörigen und Kindererziehung eingebunden sind als Männer
- ✓ Heute sind immer mehr Frauen in (hohen) politischen Ämtern und Wirtschaftsvorständen – aber immer noch viel weniger als Männer: d. h., Frauen haben weiterhin weniger Macht, Einfluss, Geld und Prestige als Männer in Deutschland (M1/M3/M5)

Zu 3: E-Mail-Leserbrief

Die Formalia eines Briefes sollten eingehalten werden: Grußformeln, Empfänger- und Absenderangaben.

a) individuelle Schülerlösung (Betreffzeile: Leserbrief zum Artikel „Männer haben genug von Emanzipation")

b) **Einleitung enthält folgende Punkte:**
- ✓ Anrede: Sehr geehrte Damen und Herren,
- ✓ Bezug zu Artikel „Männer haben genug von Emanzipation", veröffentlicht auf INFO&NEWS
- ✓ Grund des Schreibens: Zustimmung/Ablehnung des Artikels (M4)

c) **Stellungnahme zur Frage: Gibt es genügend Gleichberechtigung in Deutschland?:**
- ✓ individuelle Schülerlösung unter Berücksichtigung zentraler, in den Materialien dargestellter Fakten und Belege zur Geschichte der Frauenemanzipation und der Erwerbstätigkeit der Frau (siehe Lösung zu Aufgabe 2).
- ✓ gegebenenfalls „männliche" Perspektive ergänzen: Dabei könnte man darauf hinweisen, dass auch Jungen/Männer unter der althergebrachten „patriarchalen" Rollenverteilung leiden können.

d) **Stellungnahme zum Artikel „Männer haben genug von der Emanzipation":**
- ✓ persönliches Fazit (Behauptung – Begründung – Beleg/Beispiel); zum Beispiel: Gestiegene Anforderungen an moderne Männer und Frauen, Karriere und Familienleben zu vereinbaren, führen auf beiden Seiten zu Anpassungsschwierigkeiten/Überforderung.
- ✓ Appell an Leser, Gesetzgeber etc. (alle Materialien/eigene Ideen)

Infotext für die Sportvereinshomepage: Doping im Sport (S. 53–57)

Zu 2: Homepage-Artikel

a) individuelle Schülerlösung

b) **Interessanter Einstieg:** Drei bis vier Sätze, die zum Thema hinführen und neugierig machen. Man könnte auf einen aktuellen Dopingfall verweisen oder mit einem prägnanten Zitat zum Thema Doping beginnen. Eine weitere Möglichkeit wäre, die Karikatur in M4 zu beschreiben.

c) Der Begriff Doping kommt aus dem Englischen und bedeutet „Drogen verabreichen". Dieses Wort wiederum leitet sich aus dem Afrikaans ab, wo „Dop" einen starken Schnaps bezeichnet. Im englischen Lexikon findet sich der Begriff Doping seit 1889, wo er zunächst die Verabreichung von leistungssteigernden Mitteln, wie Opium, an Rennpferde bezeichnete. Heutzutage wird Doping als Einnahme oder Anwendung verbotener Mittel zur (sportlichen) Leistungssteigerung bezeichnet und wird von Sportverbänden verboten. Über die Verabschiedung eines entsprechenden Anti-Doping-Gesetzes in Deutschland wird derzeit (Stand Mai 2015) noch diskutiert. (M3/M5)

d) In der Schülerlösung sollte unter Bezugnahme zu einem aktuellen Dopingfall argumentiert werden, weshalb Anti-Doping-Initiativen und -Gesetze a) notwendig, sinnvoll und effektiv sind oder weshalb sie b) verlogen und wirkungslos sind.

Mögliche Argumente zur Stützung der Position a):

✓ Sportler werden vor enormen gesundheitlichen Nebenwirkungen und Abhängigkeitserscheinungen geschützt.

✓ Faire Wettbewerbsbedingungen werden hergestellt.

✓ Ein Anti-Doping-Gesetz dient als wirkungsvolles Mittel zur Abschreckung von Dopingsündern, da nur dann eine Strafverfolgung erfolgt, wenn nachgewiesen werden kann, dass man sich durch Doping einen Wettkampfvorteil verschaffen wollte.

Mögliche Argumente zur Stützung der Position b):

✓ Die Leistungsmanipulation durch Drogen ist seit der Antike bekannt.

✓ Auch im Freizeitsport ist Doping in bestimmten sportlichen Disziplinen (beispielsweise im Bodybuilding), im militärischen Bereich und zur beruflichen Leistungssteigerung relativ verbreitet und zum Teil auch legal.

✓ Nachweismöglichkeiten sind schwer, da immer wieder neue Dopingmittel erfunden werden und viele Dopingmittel im Urin nur kurze Zeit nachweisbar sind.

(M1–M6/eigene Argumente)

e) Je nachdem, ob der Schüler in Aufgabe d) Position a) oder Position b) vertreten hat, wird sein Fazit unterschiedlich ausfallen. Entweder wird die Meinung vertreten, dass Deutschland möglichst schnell ein Anti-Doping-Gesetz verabschieden und Dopingsünder aus dem Verkehr ziehen sollte, oder es wird darauf hinweisen, dass es die Grundrechte der Athleten missachtet und daher verfassungswidrig ist. Bedenken könnten dahingehend geäußert werden, dass Sportler durch ein Gesetz leichter Opfer von Manipulationen durch Konkurrenten werden können, indem ihnen beispielsweise verbotene Substanzen ins Essen gemischt werden. Gegner des Anti-Doping-Gesetzes könnten außerdem darauf hinweisen, dass durch ein solches Gesetz nur die Symptome, nicht aber die Ursachen von Doping wirkungsvoll beseitigt werden. Denn schließlich ist Doping die Folge eines überzogenen sportlichen Leistungs- und Erfolgsdrucks, der auch politisch erwünscht ist und gefördert wird.
(M1–M6/eigene Argumente)

Blogeintrag: Generationengerechtigkeit (S. 58–61)

Zu 2: Blogeintrag

a) individuelle Schülerlösung

b) **Interessanter Einstieg:** Drei bis vier Sätze, die zum Thema hinführen und neugierig machen. Hier könnte auf die aktuelle Problematik der alternden Gesellschaft in Deutschland und die Probleme, die daraus für jüngere und/oder ältere Generationen entstehen, eingegangen werden.

c) **Chancengerechtigkeit:**
Chancengerechtigkeit herrscht, wenn jeder (unabhängig von seinem Elternhaus, seiner Religion oder seinem Geschlecht) seine individuellen Fähigkeiten und Talente nutzen kann und die gleichen Chancen auf Ausbildung und gesellschaftlich-soziale Entwicklung hat.

Bedürfnisgerechtigkeit:
Von Bedürfnisgerechtigkeit spricht man, wenn jeder über ausreichend Mittel zur Befriedigung seiner Bedürfnisse verfügt, wenn also bei der Einkommensverteilung in einer Gesellschaft die Einkommen den jeweiligen Bedürfnissen entsprechen. Bedürfnisgerechtigkeit spielt also beispielsweise bei Diskussionen um „gerechte" Preise und Mindestlöhne eine Rolle.

Leistungsgerechtigkeit:
Leistungsgerechtigkeit bedeutet, dass das Einkommen der jeweiligen Leistung des Gesellschaftsmitglieds entsprechen sollte. Wer also viel leistet, soll mehr verdienen als jemand, der weniger leistet. Schwierig ist jedoch, im Einzelfall konkret zu definieren, was Leistung genau ist und welche Leistung im Vergleich höher bewertet werden soll.
(M1)

d) Unter Generationengerechtigkeit versteht man Gerechtigkeit zwischen unterschiedlichen Generationen, gegenwärtigen und künftigen. Dabei geht es darum, dass Lebenschancen, Vermögen/Kapital und Lebensqualität gleichermaßen allen (auch künftigen) Generationen zugänglich sind und dass das soziale Sicherungssystem für das Wohl der älteren Generationen sorgt.
Generationengerechtigkeit wird hergestellt, indem man Sorge trägt, dass auch die nachfolgenden Generationen eine Zukunft haben und nicht Armut, Bildungsdefizite, berufliche Perspektivlosigkeit (Jugendarbeitslosigkeit), Schulden oder Umweltschäden von der Generation ihrer Eltern und Großeltern „erben". Andererseits muss sichergestellt werden, dass Alte nicht diskriminiert werden und nicht von Altersarmut bedroht sind. Besonders schwierig ist es, in einer alternden Gesellschaft wie Deutschland Generationengerechtigkeit herzustellen, da immer weniger Junge für immer mehr Alte aufkommen müssen, wodurch das Rentensystem erheblich belastet wird. (M1–M4)

e) individuelle Schülerlösung (In den Materialien dargestellte Fakten und Belege zum Thema Generationengerechtigkeit sollten dabei angegeben werden)
(M1–M4)

Leserbrief: Nachdenken über Schönheit (S. 62–66)

Zu 1: Relevante Informationen aus den Materialien (Stichpunkte):

- ✓ Schönheit ist nicht subjektiv, Forscher kommen überall zu ähnlichen Ergebnissen. (M1)
- ✓ Als besonders schön gelten Frauen, die im wahrsten Sinne des Wortes ein möglichst symmetrisches „Durchschnittsgesicht" haben. (M1)
- ✓ Am attraktivsten finden Männer Frauen, die um die 20 Jahre alt sind. (M1)
- ✓ In Industrieländern finden mehr Frauen Männer attraktiv, die femininer und äußerlich weniger aggressiv als der Durchschnitt der Männer erscheinen. (M1)
- ✓ Schönheit ist nicht objektiv, sondern abhängig von der jeweiligen Mode. Was als schön gilt, verändert sich ständig. Belege: historische Beispiele (M2)
- ✓ Bei Schönheits-OPs dominieren bei Frauen Brustvergrößerungen (15,4 %), gefolgt von Augenlidstraffungen (14 %) und Botox-Gesichtsbehandlungen (13 %). Die Zahl der männlichen Schönheits-OP-Patienten hat seit einigen Jahren zugenommen. Sie lassen am häufigsten Lidstraffungen (18 %), Fettabsaugungen (17 %) und Botox-Behandlungen (10 %) durchführen. Das Durchschnittsalter der Patienten, die sich durch den Eingriff zumeist ein verbessertes Lebensgefühl erhoffen, wird tendenziell höher und liegt derzeit bei 41 Jahren. (M3)
- ✓ Schönheit macht einem die Vergänglichkeit des Lebens schmerzlich bewusst. (M4/M3)

Zu 2: Schreibplan:

Briefkopf	Brieftext: Einleitung	Brieftext: Hauptteil	Brieftext: Schluss	Briefschluss
• Betreff: Leserbrief zum Thema Schönheit in der Gesellschaft • an: leserbriefe @cindy.de	• Anrede: Sehr geehrte Damen und Herren/Cindy-Redaktion, • Bezug zum Thema Schönheit, Darstellung des eigenen Standpunkts • evtl. Eingehen auf andere Artikel	• persönliche Stellungnahme zu den Fragen: Was ist schön? Wie geht unsere Gesellschaft mit dem Begriff Schönheit um? • Individuelle Argumentation (Behauptung – Begründung – Beispiel/Beleg) unter Berücksichtigung zentraler, in den Materialien dargestellte Fakten und Belege (siehe Lösungen zu Aufgabe 2)	• persönliches Fazit (Behauptung – Begründung – Beleg/Beispiel), wie man auf das Schönheitsdiktat in den Industrieländern reagiert • Appell an Leser, Eltern/Pädagogen, Medien, Politik etc.	• Grußformel • Absenderangaben: Vorname Nachname, Musterstraße 1, PLZ Ort • Telefon: 0123 43432, E-Mail: name@net.de

Zu 3: Individuelle Schülerlösung unter Berücksichtigung der oben dargestellten Aspekte.

Bildnachweis und Medientipps

Bildnachweis

S. 7 © Norbert Höveler

S. 13 © Andreas Becker

S. 24 © Renate Alf

S. 25 © eigene Darstellung VadR (Grundlage: http://portal.picture-alliance.com/customer/derivative/wprev/40384771-dL3-7O8v9j5Xf-3j8a7vfu8ZwjbvqM759v5L8Pm8obs9vhd8i0y0nfsPoRvdzfu190kbx9b0485P41c08Ro2bh5Pe0hj9N4v.jpg; Bundesinstitut für Bevölkerungsforschung)

S. 28 © Norbert Höveler

S. 31 © eigene Darstellung VadR (Grundlage: https://www.planet-schule.de/fileadmin/dam_media/swr/quo_vadis_brd/pdfdoc/qv03_ard_zdf_studie.pdf; Suedwestfunk)

S.32 © Scharwel

S. 33 © eigene Darstellung VadR (Grundlage: http://www.ard-zdf-onlinestudie.de/index.php?id=483; AGF in Zusammenarbeit mit GfK, TV Scope: 1. Halbjahr 2014. ma 2014/I. ARD/ZDF-Onlinestudie 2014. Massenkommunikation 2010. Quelle: ARD/ZDF-Onlinestudie 2014)

S. 37 © eigene Darstellung VadR (Grundlage: https://d28wbuch0jlv7v.cloudfront.net/images/infografik/small/2907_n.jpg; Handelsblatt)

S. 38 © Frank Speth – norddt. Künstler

S. 41 (oben) © eigene Darstellung VadR (Grundlage: http://www.erneuerbare-energien.de/EE/Redaktion/DE/Downloads/infografik-brutto-stromerzeugung-in-deutschland.pdf;jsessionid=BE08F981A0EF5B2DF19F2E8C8F9B4690?__blob=publicationFile&v=2;
Bundesministerium für Wirtschaft und Energie)

S. 41 (unten) © Gerhard Mester

S. 46 © eigene Darstellung VadR (Grundlage: http://www.peak.ag/blog/wp-content/uploads/2012/03/Darstellung_Schlafdauer_Alter.jpg; Techniker Krankenkasse Hamburg)

S. 50 © eigene Darstellung VadR (Grundlage: http://images.zeit.de/wirtschaft/2014-10/ausbildung-statistik/ausbildung-statistik-540x304.jpg; ZEIT)

S. 52 © eigene Darstellung VadR (Grundlage: http://www.bfs.admin.ch/bfs/portal/de/index/themen/20/05/blank/key/Vereinbarkeit/02.html; Bundesamt für Statistik)

S. 56 © Paul Pribbernow

S. 61 © Gerhard Mester

S. 65 © eigene Darstellung VadR (Grundlage: http://www.sueddeutsche.de/panorama/schoenheitsoperationen-in-deutschland-brustvergroesserungen-am-beliebtesten-1.2144465; Süddeutsche)

Medientipps

Deutschunterricht.
Materialgestütztes informierendes Schreiben.
Ausgabe Februar Heft 1/2015.
Westermann Verlag.
→ *Diese Ausgabe der Zeitschrift Deutschunterricht widmet sich ausschließlich dem Thema „Informatives Schreiben". Sie finden verschiedene Artikel zum Thema sowie praxisnahe Anregungen zu Materialauswahl und Entwicklung von Aufgabenstellungen.*

Lascho, Birgit:
Training Abschlussprüfung Deutsch.
Lehrplanbezogene Materialien für einen integrativen Sprachunterricht.
Deutsch als Zweitsprache systematisch fördern.
Persen Verlag, 2. Aufl. 2015.
ISBN 978-3-8344-3017-5
→ *Der Band bietet Trainingsmaterialien für die Abschlussprüfung speziell für Schüler mit Migrationshintergrund.*